書評の新聞「週刊読書人」連載

大学生が作る書評コラム

書評キャンパス 2022

大学生と「週刊読書人」編集部

書評キャンパス *at* 読書人 2022　CONTENTS

第1部　書評キャンパス 再掲

書評キャンパス *at* 読書人 2022　CONTENTS

書評キャンパス

「書評キャンパス」２０２２書籍化にあたって

「週刊読書人」での「書評キャンパス」の連載は、二〇一七年のスタートから、七年目を迎えています。その成果物として、前年に掲載した全ての学生書評を単行本にまとめるのも、これで六冊目になりました。

一年に約五〇冊、これまでに三〇〇冊強が、学生によって書評されたことになります。

さらに二〇二一年にはじまった、大学生対象の読書講座「読書人カレッジ」（日本財団共催）では、今年度は九つの大学・大学図書館にご参加いただき、作家や研究者、ジャーナリスト、批評家の方々を招いて、計十八講座を開催中です。

書評キャンパス、読書人カレッジを通して思うのは、本はけしてなくならないだろうということ。ひとたびページをめくれば、多色で多層で豊饒な世界に、読者の「わたし」だけに開かれた対話が繰り広げられる。そして世界を一人旅し、流離い、戻ってきた読者たちはまた、「ここ」で本について語り合うこともできる。

著者、出版社、大学、図書館、書店、そして学生をはじめとする読者が、本を媒介に繋がることができたなら、こんなに楽しいことはない。そんな気持ちで一年、また一年と、歩みを続けています。

「書評キャンパス」を、これからもどうぞよろしくお願いいたします。

二〇二三年十二月

「週刊読書人」編集部

第1部

書評キャンパス

「週刊読書人」
2022年4月―2023年3月
に掲載された記事を再掲

書評した本

『100万回死んだねこ　覚え違いタイトル集』

福井県立図書館編著

四六判・192頁・1320円
講談社
978-4-06-525892-7

書評した人

杉本 あすか
すぎもと あすか

大阪樟蔭女子大学
学芸学部国文学科３年

古典文学ゼミ所属。図書館司書と学芸員を目指して勉強中。図書館業務の中でも、図書の選定作業や、図書を紹介するＰＯＰの作成に関心がある。

この世には、一生では読みきれないほどの本があり、今も増え続けている。そして、それぞれの本に付けられた「タイトル」は、本を探す最初の手がかりとなる情報だ。時としてそれは人々に、少し間違ってインプットされる。本書は、司書が、図書館利用者から尋ねられた「覚え違いタイトル」を集めた本である。

私は、司書の資格を取るための授業を履修している。勉強を進めていく中で、福井県立図書館が覚え違いタイトルを公表しているサイトを発見し、勉強の一環として頻繁に閲覧していた。その内容を厳選し、さらにサイトには載っていない内容も加えて書籍化されたのが本書である。

表紙をめくると、何かが挟まっていることに気がつく。かつて図書館で使われていた小さな貸出カードを模したものが閉じ込まれているのだ。この本を紙媒体で購入して、いきなりのサプライズであった。

本書では、覚え違いタイトルが利用者の質問の形で、まず提示され、その後、司書が突き止めた本の正しいタイトルが現れるという、クイズ形式で読み進められる。

『トコトコ公太郎』が実は『とっとこハム太郎』だったというのは、質問を受けた時点ですぐに連想できそうだ。また、これより難易度が高い質問の中には、「昔からあるハムスターみたいな本を探してるんだけど……」というものがある。この場合は質問を受けた後、「『昔から』ってどれくらい昔ですか?」「『ハムスターみたい』ってどういうことですか? 動物が出てきますか?」など、より具体的な本の情報を引き出すようなインタビューを重ねる。

さらに、『ブレードランナー』という覚え違いから本来のタイトルを導き出すには、インタビューの技術に加え、そのやり取りから連想を広げる知識があるかどうかが勝負どころとなったようだ。これらの覚え違いの答えは、ぜひ本書を読んで確かめて頂ければ幸いである。

また、突き止めた本のタイトルの横には、覚え違いをやさしく受けとめながら、本の紹介が書かれている。本のジャンルは多岐にわたるが、どの紹介をみても「読んでみたい!」と思わされる。本書片手に図書館を訪れて、紹介されている本の実物を探しつつ、書架に並んだ新たな本と出合うのも面白そうだ。

利用者が求める本を探す手伝いをする仕事は、図書館業務の中の「レファレンスサービス」にあたる。この「レファレンスサービス」には、さらに深い調査を行うものも含まれている。一例として、「ドッジボールの〝ドッジ〟って何?」という質問が取り上げられており、答えとなり得る情報を提供するまでの過程が詳しく紹介されている。インターネットの中でも信憑性の高い情報と、本に載っている情報をうまく掛け合わせながら答えまで辿り着く様子から、図書館のカウンターの奥で行われている仕事が見えてくる。

本書を読んで、私は、より実践的な感覚で司書の技術の見事さをみることができた。同時に、これまで学んできた司書の技術がどのように仕事と繋がっていくのかも確認できた。「覚え違いタイトル」は、図書館の使い方の中でも入口の方にあたるのかもしれない。その先には、より広くて興味深い図書館の世界が待っている。

編著者より

「もっとレファレンスサービス使ってもらいたい」というこの本の目標を読み取り、書評でその一翼を担ってくれていることに感激しました。図書館員の最大の使命は、「利用者と本(情報)を結びつけること」だと考えています。そしてその使命を果たすのに必要なのは利用者の目的を知る力だと思っています。書評から杉本さんにその素質があることをビンビン感じました。将来、図書館員同士としてお会いできる日を楽しみにしています。

(福井県立図書館　司書　宮川陽子)

書評した本　　　　書評した人

『友　情』

武者小路 実篤著

文庫判・178 頁・572 円
岩波書店
978-4-00-310504-7

貝沼《かいぬま》 晃太朗《こうたろう》

獨協大学経済学部３年

映画をみることが昔から好き。将来はメディア関係の仕事に関われたらとなんとなく思っている。今はやりたいことをやっています。

脚本家としての成功を夢見る二十三歳の野島。彼はある日、芝居を見に行き、そこで友人の仲田の妹である杉子と出会い、その美しさに強烈に惹かれる。それも結婚すら意識するほどに。それからというもの、杉子と出会えたとき、挨拶を交わせたとき、野島は別人のように快活になる。反対に杉子との関係が思い通りいかなければ、不安にもなる。

そんな野島には大宮という親友がいる。年齢は野島より三歳ほど上で世に認められ始めた小説家である。実家は裕福であり、運動も出来る。野島とは対照的とも言える人物だ。野島は大宮が雑誌に小説を発表することを少し寂しく思い、一種の嫉妬や不安を感じるが、大宮はその心象を察して野島をフォローする一言を必ずかける。また、野島が杉子を好いていることを知れば、全力で応援する。大宮はそういう男だった。野島は、大宮の別荘がある鎌倉で、杉子や他の友人たちとひと夏を過ごすことになる。楽しい日々であるが、肝心の杉子との距離は縮まるようで縮まらない。野島、大宮、杉子、大宮の従妹である武子の四人でトランプをした際、杉子は大宮のことを意識しているようであった。一方、野島が風邪を引いても杉子は見舞いに来ることはない。杉子はどうやら大宮のことを好きになってしまったのではないかという考えが野島の頭をよぎる。大宮は杉子の気持ちをそれとなく察し、野島への義理からパリへの留学を決める。がその後の真実は、大宮と杉子の手紙によって明かされる。

本書では、野島は冴えない男として描写されている。二十三になってもまだ女性を知らない彼は恋愛に対して夢を見て、思う気持ちが制御できないほど膨らむあまり、杉子という本来の彼女が見えていないように思える。そんな野島が恋愛を成就することは難しいだろう。しかし、野島ほどではなくても自分勝手に相手を想う気持ちは、恋愛をしていく中で、誰しも露わになってしまうのではないだろうか。また野島の、自分よりも評価されている同業者をひがみ、友人である大宮にさえ嫉妬し、苦悩する姿は、決して好青年には見えない。ただ、完璧ではない野島だからこそ、私たち読者は共感してしまう。

友情と恋愛は、少なからずほとんどの人が経験するものだ。時にその素晴らしさを大いに感じ、時に何にも手が着かないほど悩む。本書はその友情と恋愛という普遍的なテーマを、プラトニックに爽やかに描いた作品であり、まだ自分の社会的な立場や精神、未来が完全には形成されていない、学生の私たちが読むことに価値があるのではないか。

人が恋愛するときに使う力はとても膨大で強力だと思う。失恋をすると突然その力の向かう対象がいなくなってしまい、力は行き場を失う。しかし、その力を別の対象、勉強や仕事、趣味などに向ければきっと失恋も良い経験だったと振り返ることが出来る。それは男女問わずそうであると思う。著者もこう述べている。「失恋するものも万歳、結婚する者も万歳」。まさにその通りだろう。

編集者より

ご書評ありがとうございます。お書き下さったように、本書では恋に盲目になる辛さや惨めさ、恋と友情が両立しない悩みが描かれています。恋愛なんてカッコよくいかないもの、それをストレートに表したところに私も惹かれます。一方、友人関係が壊れてなお相手を尊敬し続けるという、別の友情への道筋が示されていることも、興味深いと思っています。夏目漱石『こころ』も、本書と比較して読まれると面白いかもしれません。

（岩波書店文庫編集部　吉川哲士）

書評した本

『ハーモニー』

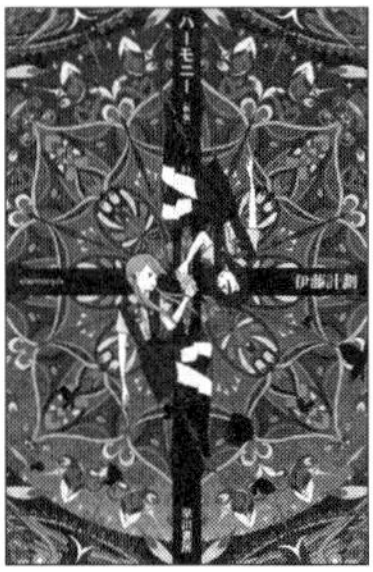

伊藤 計劃著

文庫判・398頁・792円
早川書房
978-4-15-031166-7

書評した人

橋本《はしもと》 頼《らい》

獨協大学外国語学部2年

自然、特に人為が少ない場所で身体を動かすのが大好き。常識や法、道徳にあらゆる視点で肯定と否定を思う。読書を習慣にしたい。

『ハーモニー』という題名は、この物語にとって唯一のものだ。ただし主人公らはむしろ真逆の「不調和」として存在し、それ故に「ハーモニー」という命題が浮き彫りになる小説でもある。

各種メディアが取り上げる世界情勢を見聞きする中、筆者はこう感じることが増えた。戦争なんてなければいいのに、と。

このSF小説において人々は、過去に勃発した世界規模の戦争の教訓から、ある種極端な再発防止策をとっている。それは戦争どころか後天的な病すらない社会。誰もが健全に、穏やかに、常に善意をもって助け合い、慈しみあう社会。つまり現代の福祉社会の掲げる理想、平和の最果てと言っても過言ではない。だがその社会の有様に違和感をもつ主人公は、不調和こそを寄って立つ場としている。

それは彼女、トァンがまだ大人になる前にその時間を共にした、ミァハという少女の存在が起因している。社会の内部が圧倒的なまでに協調された中で、ミァハだけが真っ向から反旗を翻したジャンヌダルクだった。そんな彼女に選ばれ、感化されたからこそ、主人公トァンもアウトサイダーになることを決意する。だがそれに失敗したことで、彼女は社会を嫌悪しながらも、やはりその中で生きるという選択をとり続けている。

ミァハに加えてもう一人、キアンという少女も含めた三人が子供時代の主な登場人物達なのだが、ミァハが革新派なら、キアンは保守派だろう。主人公が自ら意識するのはミァハだが、二人の傍にはキアンも常にいて、ミァハ、キアン、そして主人公は調和のとれた社会にそれぞれのアプローチをとりながら、十三年の時を経て、形を変えて再会することになる。そして、そこからが主人公自らの意志を形成し確立するプロセスの始まりでもある。

この小説には、完璧に調和のとれた人間社会とは?という著者自身の問いとその答えがある。人間という種族にたいして、社会自然学、脳神経科学、進化心理学などを統合した視点から最も効率的、合理的かつ矛盾のない、調和のとれた進化を著者自身が模索しているのだ。種としての機能と、人間が人間故に持つ機能。その二つの摩擦をすり合わせた進化の先が物語の結末であり、そうした意味では文章を味わう以上にその世界観、ロジックによる面白さが勝る作品とも言える。

極端に完成された社会と、そこにいる人々が映し出す有様は、今を生きる我々にとっても充分鋭い問いかけとなるアレゴリー足りえる。病による苦痛はない。怪我をしてもすぐに治る。だがそれは生の実感をもたらす要素を取り除く行為であり、死と生の境界を曖昧にせんとする試みでもある。だからこそ、主人公らの自傷的な行動はむしろ彼女らの生を主張し、自分の生に責任を持ちたいという自主独立精神の表れ、もしくは個人主義者のそれとも解釈できる。

ここで最初のつぶやきに戻ってみたい。戦争なんてなければいいのに。本小説では物語の進行と共に、「戦争のない世界」の模索が更なる変遷をたどり、最終的に人類がもう一歩先へ進化を遂げるところまでが描かれている。

生物が生きるとは何かという前提を踏まえた上で、調和のとれた理想の世界を考えた、その答えの一つが、『ハーモニー』にはある。

書評した本　　書評した人

『自意識とコメディの日々』

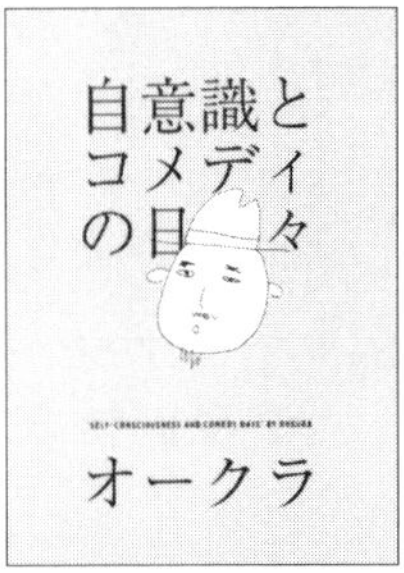

オークラ著

四六変・272 頁・1760 円
太田出版
978-4-7783-1779-9

森貞 茜
もりさだ あかね

武蔵野大学文学部３年

お笑い、とりわけコントとラジオが好き。日常的にコントを観たり、自分で書いたりしている。俳句もやっており、句歴は約４年半になる。

コメディに関わる職業といえば、漫才師、コント師、漫談家、落語家など、さまざまな種類の芸人が挙げられるだろう。一方で、こういった演者ではなく、裏方として笑いを生み出し続ける人たちがいる。それが構成作家である。本書は、第一線の構成作家である著者が「お笑い自意識」を抱えながらひた走る、長い青春の備忘録。コント好きにとっては必読の一冊だ。

本書は、「オークラさんの自伝を読んでみたい」というファンの声に応えて編まれた自伝である。キーワードはまさに「自意識」。著者は、笑いのカリスマ・ダウンタウン松本人志の影響で大量発生した「お笑い自意識過剰大学生」の一人だった。ある日の合コンにて、本場の「なんでやねん！」を繰り出すN君と意気投合した著者。この出会いを契機に、N君とのコンビ「オークラ劇場」としてお笑いライブ新人コーナーのオーディションに参加する。結果は散々で、同会場にて既に周囲と一線を画していた若手芸人アンジャッシュに対して「芸人として名前を轟かせる人は最初から面白い」という思いを抱く。これが、著者のコメディの日々の始まりであり、初めての敗北であった。

しかし、「お笑い自意識過剰大学生」は一度の敗北では身を引かない。この後著者は、ピン芸人への転向とお笑いライブ優勝、シティボーイズとの出会い、コンビ「細雪」結成と解散、と波のように引いて寄せる芸人生活を送る。著者はこの波に揉まれながらも、お笑い自意識を手放すことはなかった。むしろ、「さまざまなカルチャーが融合するコントライブを作り上げる」という明確な目標と魅力的な人脈を得て、構成作家としての道を歩み始める。

本書はファンの声に応えた自伝、と先に述べたが、実はあのやりとりには続きがある。

「僕の人生なんて誰も興味ないと思いますよ」

「違うんです。オークラさんが見てきた芸人たちやお笑い界のことが知りたいんです」

そう、著者が応えてくれたのは主にこちらの声だ。

「俺に興味はないってのは否定しないのかよ!」

とプリプリしつつも、著者が関わってきた多くの芸人やカルチャーについて私見を述べている。たとえば、「初めから圧倒的な構成力、表現力を持っていたバナナマン」「おぎやはぎの精神革命」「化けたラーメンズ」「細野晴臣になりたい」というように。また、「チョコレイトハンター」「君の席」など、コントファンからすれば伝説と呼んでも過言ではないユニットコントライブの裏話も惜しみなく綴られている。読者はこれらを通じて、現在でも根強い人気と実力を持つ「天才」コント師たちの天才たる所以に深く触れることができる。天才たちをすぐ側で見てきた著者の目線でコント史の一時代を追えるのが、本書の大きな魅力だ。

本書は一般的な自伝と違い、多くのページが著者から見た周辺の人間についての記述に当てられている。しかし、それは著者独自の観察眼と体系の証であり、人柄と生き様の現れでもある。読者は自らに惹きつけて読むも良し、あくまで他人だと一歩引いて読むも良し。これからもコメディに包まれ、自意識と手を繋いで歩んでいくであろう著者が、新たにどんな笑いを提供してくれるのか、ワクワクしてくることだろう。

書評した本

『消滅世界』

村田 沙耶香著

文庫判・288頁・693円
河出書房新社
978-4-309-41621-2

書評した人

伊藤《いとう》 遥香《はるか》

武蔵野大学文学部
日本文学文化学科3年

所属ゼミは文芸創作ゼミ。言葉を扱う仕事に興味があるため、コピーライティングについて勉強中。

私は村田沙耶香さんの作品を読む行為を、読書ではなく、「摂取」だと思い込んでいる。脳内に文字が入ってくるというより、一行一行を迎え入れる感覚の方が近い。『消滅世界』は、私が初めて摂取した村田さんの作品だった。「アダムとイブの逆って、どう思う？」という冒頭のセリフに、否が応にも作品世界に引き込まれる。そして一度摂取したら止まらなくなる展開が、息つく間もなく襲いかかる。

作品の舞台は、人口受精があたりまえとなった世界だ。加えて、夫婦間の性行為が近親相姦として位置づけられており、八割の人間が性欲を一人で処理している。しかし、両親が愛し合った末に生まれた主人公の雨音は、キャラクターたちだけでなく夫以外のヒトとのセックスを繰り返している。独特な世界観に圧倒されて、距離を取りたくなる人もいるかもしれない。私自身もあまりに生々しい人物描写や価値観の相違に、読んでいて気分が悪くなる場面もある。しかし、気持ち悪いと思っても、価値観に拒絶感をもっても、どこかで「一理ある」と腑に落ちてしまう。そう感じるのは、登場人物たちが持っている考えを、少なからず私も心の奥底に抱えているからなのだと思う。

同性婚が認められない現状について、雨音の親友が言う「そんなの、子宮が女にしかないからに決まっているじゃない」というセリフ。結婚は愛し合う二人がするものだ、という母の本能に縛られる雨音に、同期が言った「子供はいらないから結婚考えてないんだけれど、他にメリットある?」というセリフ。『消滅世界』を摂取し終えると、ある種の「感動」を覚える。それは心の奥底にある考えが、物語によって輪郭を与えられ、言葉となって浮かび上がるからだ。そうして違和感からの共感が読者の心に感動を生むのだと思う。

人口受精が発達した世界の結婚とは、合理的な人生のための行為なのか。他者と暮らす意義とは何か。『消滅世界』の摂取により、これまでの価値観は揺らぎ、放心の中で自分にとっての正解を思考する。そんな時に思い出す、「世界はグラデーションの一部だ」というセリフ。世界は常に移り変わりの途中なのに、多くの人が世間の「正常」な流れにはまろうと必死になっているが、それは私も例外ではない。

今を生きる私たちの中に「推し」という言葉は普及しつつある。『消滅世界』においては、キャラ達との恋愛がむしろ主流であり、清潔だと表現される。一方で、キャラは欲望を処理するための消耗品だ、とも言われるのだが、私も推しを持つ人として羨ましさを感じるシーンも多々あった。人物でも、動物でも、キャラでも、「何かを好きである」ことが、人が生きる上で重要だと思う。

芥川賞を受賞した『コンビニ人間』の前に発表された今作は、ディストピア小説と分類されることがある。しかし、作品全体が理想郷か反理想郷かは、読者によって感じ方が異なるだろう。「推し」との恋愛を誰も否定しない世界は、私には理想に映る。そして私は、いずれこんな未来が訪れるかもしれない、とどこか無責任に、期待せずにはいられない。

編集者より

村田さんの作品を考える上で、伊藤さんが選び取った「摂取」という言葉は大きな射程を持つ。例えば短編「生命式」。その世界では、人々が故人を悼み、死者の人肉を“食べる”ことが正常とされる。もしあなたが何か動かしがたいものの前で身動きが取れないでいるのならば、あなたはこの世界の何を“摂取”しすぎてしまったのかを考えてみるのもいいかもしれない。伊藤さんの書評は、村田ワールドの異化の力を余すことなく伝えている。

(河出書房新社　編集部　高木れい子)

書評した本

『号泣する準備はできていた』

江國 香織著

文庫判・234 頁・572 円
新潮社
978-4-10-133922-1

書評した人

下澤 萌加
しもざわ もえか

獨協大学外国語学部
英語学科３年

文学、映画、香水、名探偵コナンが好きです。

作者はあとがきにて「喪失するためには所有が必要」であると述べている。大学三年生の私は今、喪失できるだけの何かを所有できているだろうか。

この作品は、大切な何かを喪失してしまいそうな気配、あるいは既に喪失した何かの記憶の前に立ち尽くすも、時を進めていかなくてはならない人たちの、十二の物語が収録された短篇集である。

たとえば、「洋一も来られればよかったのにね」のなつめ。

なつめは過去の恋人・ルイのことを思いながら、夫・洋一の母・静子と毎年恒例の温泉旅行に出かける。旅行中、「洋一も来られればよかったのにね」と繰り返す静子だが、なつめは記憶の中のルイを思い続け、悲しみと喪失感に苛まれる。そしてルイのことばかりを思い出してしまうということは、彼を失ったと同時に夫のことを失ってしまったことと同義であると気付く。

夫もルイも失ったなつめは、ここに至るまでいくつもの分岐点で自ら選択し進んできた。

江國香織はそれを別の一篇で「号泣する準備はできていた」と表した。

誰も悲しい結末にたどり着くことなど望んでいない。それでもここへたどり着いてしまうのは、大事なことほど理屈で選択することはできないからだ。その結果が自分でも驚いてしまうほど泣きたくなるような現状だということこそが、人生なのだろう。物語に血が通い、温度を感じるのは、大丈夫だと思っていたい気持ちや、悲しみに気が付いてもぐっとこらえていたい気持ち、過去を懐かしんでしまう気持ちなど、人間の心の奥を明確に捉えているからだ。

　登場人物は皆、過去を回想する。しかしこの作品には古ぼけた感じも、色あせた雰囲気も無い。誰もが過去に所有していた、既に失ってしまった何かを取り戻せないことを知っていて、それを無理に取り戻そうとはせず、今を生き、これからの未来を生きる覚悟を持っている。

「手」のレイコもそうだ。レイコには「かつて二人で輝かしい恋をした」愛する男がいた。そしてレイコのキッチンでおでんを作る「好きでもない」たけるを見て、亡くなった母のおでんを思う。レイコはたけるが帰った後は部屋の空気を入れかえ、もう一度お風呂に入ろうと考えている。過去を振り返って感傷的になることがあっても、一秒先の未来を生きていかなくてはならない。その事実を受け止めている様子が、部屋の空気を入れ替えようだとか、熱い風呂に入ろうだとか、ごくささやかな、自分のためだけの予定ともいえないような営みに凝縮されている。

　一篇はどれも一場面を切り取ったぐらいの短さで、物事が急激に進展するようなものは無い。明るいわけではないが、悲観的でもない。一定のリズムを保ったまま、この作品には、そのような雰囲気がずっと漂っている。嵐の前の静けさのような曖昧な一幕は、江國香織の手にかかると、くっきりと言葉になり輪郭を表す。まだ号泣の準備をしているのかさえ自覚していない筆者が納得してしまうほど、この短い話の中に閉じ込められた、号泣の準備の果てにある感情は的確に描かれている。筆者は大人の「びっくりするほどシリアスで劇的」な人生の一部を、作者の言葉を通してたしかに覗き見た。

編集者より

大学三年生の「私」へ。江國香織さんの物語に出会えた「私」たちは、この先様々な所有と喪失、選択を繰り返す人生において、「びっくりするほどシリアスで劇的」な、泣き出したくなるほどの出来事が待ち受けていたとしても、他ならぬ自分のために、丁寧に、覚悟して、向き合う準備ができていくのかもしれません。十代で出会った江國さんの物語を寄る辺に、少し先の人生を歩く「私」の一人として、そんな風に思うのです。

（新潮社　文庫編集部　三重野さや香）

書評した本　　書評した人

『だれのための仕事　労働 vs 余暇を超えて』

鷲田 清一著

文庫判・208頁・880円
講談社
978-4-06-292087-2

今野 正悦
こんの まさえ

東京大学法学部３年

書評サークル、k-pop カバーダンスサークルに所属。家で出来ることの全てが好き。上橋菜穂子作品に魅了されて以来、すっかり本の虜に。

〈暇〉になったら、あんなことやこんなことを。けれどもいざスケジュール帳が真っ白になってみると、不安と焦燥感に駆られる。余白を埋めなければいけないような気がする。将来の「ためになる」ことをしなければばいけないような気がする。誰にそんなこと言われたの？と聞かれても答えられない。答えられるはずもない。誰に言われるでもなく、そう思ってしまう。その心性こそが、マックス・ヴェーバーの言う「資本主義の〈精神〉」であり、本書において著者が問題提起を試みる「前のめりの時間感覚」である。

　本書の前半、第一章と第二章において著者は、資本主義社会を充たす様々なエートスを細かに分析する。人生を線として捉え、「現在」を常に「未来」との関係で意味づける〈前（pro）のめりな時間意識〉についての考察は、真木悠介『時間の比較社会学』（二〇〇三、岩波現代文庫）にも通ずるものがある。〈生産性〉の論理に凝縮される〈インダストリー（勤勉・勤労）〉の心性が、現代社会を生きる個人によって無意識に内面化されているとの指摘にも、頷かずにはいられない。そこでは、「生を築こうとして、生を使い果たして」（セネカ『人生の短さについて』光文社古典新訳文庫）しまう人間の姿が、著者の仔細な描写を通して、等身大で眼前に立ち現れる。

しかし、〈近代的時間〉によって貫かれないということは、これによって動く資本主義社会の中で孤独を経験するということでもある。社会的な「目的」や「手段」から解放され、数多の可能性に晒されたとき、人が心細さを感じるのはある種の必然であろう。少なくとも私は、小心者の私は、虚しいかな、資本主義的「生き方」に批判的なまなざしを向けつつも、そこから完全に逸脱する勇気を持ち合わせていない。

著者は私のような読者を見捨てはしない。本書の後半、第三章と第四章、そして補章は、現代において「そのようにしか生きられない」読者への処方箋である。私たちが半ば反射的に切り分ける〈労働／仕事〉と〈余暇／遊び〉という二つの概念は、本当に相容れないものなのか。著者によれば、答えは「否」である。その上で著者は、現代社会においては、〈仕事〉、そしてなんと〈遊び〉までもが、目的―手段という歯車によって機械的に動かされ、「ときめき」を失いつつあると指摘する。そしてその「ときめき」を取り戻す糸口は、仕事それ自体が楽しいという「内的な満足」を取り戻す契機は、未来における「有用性 utility」にはなく、寧ろ現在を生きる他者との関わり合いにこそ見出せるであろうとの期待を、読者の前にちらつかせるのだ。

補章において著者は、〈意味〉を求めずにはいられない、《意味の病》とでも称すべき私たちのアティチュードに言及する。何のために生きるのかという問いに対する、何の意味もない、ただそこに在るだけという答えは、私たちを満足させるには程遠い。絶え間ない自らの生に対する問いと応答と修正。それこそが、〈わたし〉の生をぎっしりと充たしてくれるものなのかもしれない。自らの生に向けるまなざしの更新に、是非本書を手にとって頂きたい。

書評した本　　書評した人

『コンビニ人間』

村田 沙耶香著

文庫判・176頁・660円
文藝春秋
978-4-16-791130-0

桑原 誠《くわはら まこと》

名古屋経済大学法学部４年

毎日欠かさず続けていることは、日記を書くこと。それほど書くことが好きです。今年になって、書く練習を始めました。文章スキルを上達させて、人の役に立ちたい。

四角柱から得体の知れない物体が出ている表紙。「コンビニ人間」というタイトルも不思議だ。異彩を放つ表紙とタイトルに好奇心が湧いて本書を手に取った。本作で芥川賞を受賞した当時、著者の村田沙耶香さんは、執筆活動をしながらも週に三日はコンビニで働いていた。だからこそ、ストーリーの舞台となるコンビニをリアルに書くことが出来ているんだと思った。

主人公、古倉恵子は三十六歳の独身女性で、定職につかず、大学生の時から続けているコンビニアルバイトで生計を立てている。

古倉は幼少期から他の子と考え方が違っていた。幼少期に死んだ小鳥を見つけ、母にこう言った。「お父さん、焼き鳥好きだから、今日、これを焼いて食べよう」

小学校に入学したばかりの頃に、体育の時間、男子二人が取っ組み合いの喧嘩をしていた。そして「誰か止めて！」との声が聞こえ、他の生徒ならば、先生を呼ぶなどの対処をしただろうが、彼女は近くにあった用具入れからスコップを取り出して、頭を殴って止めたのだ。

そうした一般的でない行動を繰り返すとともに、父と母の悲しむ顔を見てきた彼女は、指示されなければ動かないことを心に誓った。コンビニではマニュアル通りにしていれば「店員」になれる。しかしコンビニの外に出れば、友人に「結婚してないの？」「定職についてないの？」と社会の「マニュアル」で干渉される。古倉にとってコンビニで働くことは、みんなと同じように普通になれることだった。

ある日、コンビニに新人のアルバイトスタッフがやってきた。白羽という三十五歳の独身男性である。白羽は指示された仕事をこなせない。遅刻も無断欠勤もするので、結局バイトを首になる。ところがコンビニでの勤め帰りに、古倉は店の外で女性客を待ち伏せしている白羽と出くわすのだ。白羽に古倉は待ち伏せを注意し、話す場所をファミレスへと変えた。白羽はルームシェアしていた家を追い出されたため、帰る場所がないと話す。うだうだ煮え切らない白羽を、面倒になった古倉は強引に自宅に連れ帰る。白羽は婚活目的でアルバイトをしていたし、古倉は友達や家族に干渉されたくなかったので、「婚活だけが目的なら私と婚姻届けを出すのはどうですか？」と提案する。

妹と友人に「家に男性がいる」と伝えると祝福の声が上がったため古倉は、コンビニと同じように、社会の「マニュアル」に沿って生きていれば、皆から喜ばれるのだと理解した。ここから白羽は、古倉に寄生するため、古倉の正社員の求人を探し、職につかせようとする。ところが……。

本書で印象に残った文章がある。白羽は男は狩りをし、女は子を産むという縄文時代にも「マニュアル」があったことについて、よく口にしている。そのことについて古倉が答えているセリフ。「コンビニに居続けるには『店員』になるしかないですよね。それは簡単なことです、制服を着てマニュアル通りに振舞うこと。世界が縄文だというなら、縄文の中でもそうです」。これはフィクションではなく、筆者の周囲の現実にも当てはまることだと思った。属しているグループの考えや価値観と自分が異なれば、仲間はずれにされる。そのコミュニティにおける存在価値を保ち、コミュニティの基準に沿う言動をしなければ、排除されてしまうのだ。

筆者は大学四年生であり、就活生でもある。就活に人生をかけるように活動していなければ、他の学生、大学の先生に就活のことについて干渉される。誰からも干渉されないために、就活をしている。誰にでも属しているグループはある。私のようにグループに従っている人がほとんどだろう。本書は日常についても、様々に感じさせてくれた。

編集者より

平成二十八年上期に芥川賞を受賞した本作は、いまも版を重ねるロングセラー。四〇か国で翻訳され、世界中で読まれています。

“普通”という概念は、日本社会に生きる上で常にまとわりついてくるもの。自分にとっての“普通”、世間にとっての“普通”――その狭間でもがきまくっている主人公・古倉さんが結末で下す決断、爽快です。

桑原さんがこの先、人生の選択に迷ったときに、思い出してくれる一冊になると嬉しいです。

（文春文庫担当者）

書評した本

書評した人

『権威主義　独裁政治の歴史と変貌』

エリカ・フランツ著

四六判・234頁・2750円
白水社
978-4-560-09821-9

須磨《すま》 千草《ちぐさ》

金沢大学医薬保健学域
医学類2年

上智大学で英語、国際政治、国際協力を専攻。上智大学を卒業後、医学部に編入学。現在はスリランカの教育支援に力を入れている。趣味は読書、ワインなど。

監視団体であるフリーダム・ハウスは、近年の傾向として世界的に非民主主義化が進んでいると、二〇一七年の報告書で発表した。またこの傾向は、二〇二一年のフリーダム・ハウスの報告によれば、コロナウイルス感染拡大防止を建前として、一層強まっているという。権威主義、独裁政治と聞けば、中国の習近平政権や、ハンガリーのオルバーン政権など、メディアに載るものが脳裏に浮かぶが、果たして「権威主義」とは実際にはどのようなものであり、どのようなタイプがあるのだろうか。

これらの疑問に対し、国際政治の初心者にも分かりやすく解説してくれ、概略を摑むことが出来る書物が、本書である。

権威主義とは古くから存在している政治体制である。しかし著者のフランツによれば昨今、ヒトラー政権下のドイツのような、明らかに独裁主義と分かる体制から、その傾向は大きく変貌を遂げているのである。現在の権威主義国家は、自国が権威主義国家であるということを隠す傾向があるというのだ。

たとえば、複数政党制による選挙を定期的に実施したり、議会制度が存在していたりと、我々が民主主義として思い浮かべるような実情が、権威主義統制下で行われている。このように民主国家に「擬態」することで、国際的な圧力から逃れ、援助などを受けることが可能になり、権威主義の生存率を上げ寿命を伸ばすことが可能になるのである。

一口に「権威主義」と言っても、その実際は様々であるが、本書でフランツは、軍が支配する軍事独裁、政党が支配する支配政党独裁、そして個人が支配する個人独裁の三つの下位分類を提示している。一般的には軍事型、個人型、支配政党型の順に寿命が短く、また個人独裁の支配の結末が、その他の権威主義のタイプに比べても、非常に悪く、タイプの違いは外交の手法にも強く影響するという。

それでは人々の自由を抑圧する傾向が強い独裁主義は悪であるので、武力を行使してでも革命を起こすべきなのであろうか。フランツによれば、どのように権威主義から脱却するのか、その手法によってもその後の国の運命は左右される。ギニアやコートジボワールなどの暴力的な方法を取った国は民主化しにくいのに対して、メキシコや台湾などの非暴力的な手法を取った国こそ民主化へと舵を切ることが多いというのだ。

権威主義国家が増加を見せている現状において、権威主義国家の本質と特徴を理解することは我々にとって重要なことである。しかし、権威主義国家は民主主義国家と比較して不明瞭なことが多く、その前提知識を頭に入れた上で、分析方法を学ぶ必要がある。本書は分かりやすい語り口で、権威主義の概略が説明されているので、国際政治の専門知識を持ち合わせていない読者にもピッタリの入門書である。（上谷直克・今井宏平・中井遼訳）

編集者より

須磨さんの的確な評に脱帽です！この本を企画した当時、ポピュリズムに注目が集まり、権威主義と言っても関心を持ってもらえず、一度、企画をお蔵入りしたことを思い出します。原書はオックスフォード大学出版局の「みなが知る必要のあること」というシリーズの一冊です。同じ叢書のエリカ・チェノウェス『市民的抵抗　非暴力が社会を変える』も僕が編集しました。これからもこのシリーズをたくさん出しますので、よろしくお願いします。

（白水社　編集部　竹園公一朗）

書評した本

『十代に共感する奴はみんな嘘つき』

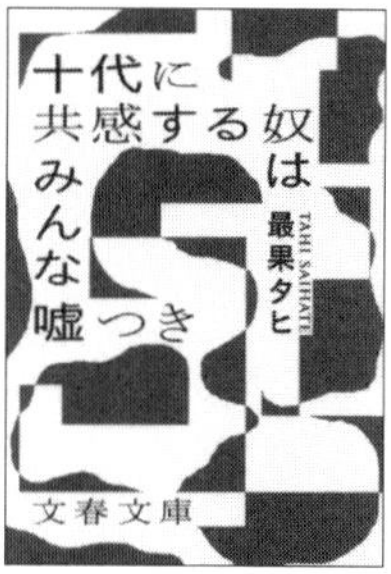

最果 タヒ著

文庫判・160頁・638円
文藝春秋
978-4-16-791280-2

書評した人

塩田 美晴
しおた みはる

帝京大学文学部
日本文化学科3年

無類の白米好き。カレーライスやチャーハンをおかずに白米が食べたいが、誰も共感してくれないため飯友を募集中。

高校受験が終わったとき、「高校生活は楽しいよ」と言ってくる大人の言葉を薄っぺらいと感じていたのに、いつしかそれを中学生に言うようになってしまった。小説ばっかり読んでいた先輩が、大学を卒業してから、これ面白いよってビジネス本を薦めてきて、泣いた。こうやってつまんない大人が完成していくんだと思っていたとき、この本に出会った。

主人公は投票権も生活力も持っていない女子高校生唐坂和葉。和葉の、ひねくれていて、でも真っ直ぐな感性が、自転車で坂道を一気に下るみたいにこの厚くはない本の中につまっている。「感情は使い捨てのティッシュみたいなものだよ。昨日悲しかったからって、今日は笑っていい。悲しいっていう感情、おもしろいっていう感情に、コントロールされる筋合いはない」。現代における感情の使い方、「エモエモ交換」に違和感を抱く和葉は、自分だけの感性を守らずに捨てていきたいと言う。「弱いとえらいの? 強いと悪いの?」「弱いとか自分で言う?」。クラスで孤立している同級生が、友達がいなくてクラスでも発言力がないから自分は強くないと言ったとき、その発言を、価値観を「幼い」と一掃する。そんな彼女も、幼い。とげとげしているけれど、汚くない言葉で和葉はずっと自分に、家族に、同級生に、世間に怒っている。でもそのすべてを、愛していないわけじゃない。怒っている彼女はなにも諦めていないし、自分の価値観で物事を見据えている。ちゃんとは語られていないけれど、それはひしひしと感じられた。

和葉の言葉に、共感できる部分も少なからずあるはずだ。

たとえば和葉の、私が不幸であることが、他の人から見たらくだらないことなのかもしれない。じゃあなんで私はこんなに傷ついているの?ってちょっと死にたくなる気持ち。そんな希死念慮を、母親が作ったからあげの油に溶かして飲みこめる高校生活。誰しもが一度は体験する心の浮き沈みの記憶の端っこをつかんで引っ張り出す。こんなこと高校のとき思っていたかもって惹きつけられる文句と反省、そしてちょっとした恋愛っていうサブカルとエンタメ。

実は本書のメインディッシュはあとがきで、ここにすべてが集約されていると思う。十代が終わると象徴的に見えてしまうもの。青春という言葉の都合の良さ。それを語りたくなってしまうこと。「その時間を自分が生きてきたという、その事実はあまりにも大切で、すべてが、そこを起点に動いているという錯覚すらあった」「積み重ねた過去の結果として、集積として自分があると思いたい」。けれど、それは自分を、侮辱する行為に他ならないと著者は言う。懐かしいという言葉ですべてをあいまいにして、わかったつもりになる。これは「自分への冒涜」である。「今」の自分は軽いものではないのに、過去に縛り付けてしまうのではあまりにもったいない。過去も未来も今の自分には関係なくて、「今」が大切で、尊いものなのだと。こうしてこの本の書評を書くことすら、いけないことなんじゃないかと思えるのが、この本の魔力だ。

今までにこんな経験をしてきた、自分を構成するものはこれだ、と、これから先の私は何回も現在完了を分析して、書いて、話して、そして社会人になっていくのだろう。そんなとき、この本を思い出して、そのときの今を大切にしたい。今の私はそう思っている。

週刊読書人 2022年6月24日号掲載

書評した本

『自動的に夢がかなっていく
ブレイン・プログラミング』

アラン・ピーズ／バーバラ・ピーズ著

四六判・402頁・1870円
サンマーク出版
978-4-7631-3552-0

書評した人

栗原《くりはら》 咲紀《さき》

共立女子大学文芸学部
文芸学科文芸メディアコース
4年

最近の趣味は美術館巡りと喫茶店巡り。

私が本書を読んだのは、就活が始まってしばらく経った時でした。私たちの学年は大学二年次に上がる前にコロナウイルスの感染が拡大し、その影響で同じゼミの友人の何人かが「アルバイト先が閉店した」「家を引き払って実家に帰省する」と言っていたのを今でも覚えています。海外留学中の友人も急遽帰国し、現在でも大学が実施していた留学制度は中止になったままです。アルバイトを辞めてから登校日以外は外に出ないという人もいます。一方で私が出会った就活生の中には、コロナ禍にオンラインで文化祭を企画実施したという人から、自費で海外留学をしたと言う人までいました。なぜ、同じ環境下でこんなにも過ごし方が違うのでしょうか。本書では、その答えが「脳のＲＡＳ」にあると言います。

本書の作者であるピーズ夫妻はオーストラリア在住の講演家・作家であり、特にビジネス書を多く執筆しています。本書の副題には「自動的に夢がかなっていく」とありますが、まさに本書の目的は「自分の人生をコントロールすること」にあります。そこで重要になるのが、先ほど出たＲＡＳの働きを理解することです。

ＲＡＳは正式名称を網様体賦活系といい、人間を含むほ乳類などが持つ脳器官です。私達が何かに好奇心を惹かれたり喧噪の中で名前を呼ばれたりした時に注意を向ける働きをしており、「脳のコントロールセンター」とも言えます。またRASは目標や夢を達成するための方法を探す能力があり、さらに達成期限がある場合は期限に間に合わせようとする力も生み出してくれます。

本書には、この働きを利用して自分のしたかったことを叶える方法が書かれています。具体的には、まず達成方法や手段・実現可能かどうかは考えず自分のしたいことを書き出していき、自分の夢を自覚していきます。次にその中でも優先順位と期限を決めて、最後に機会を待ちます。機会を待つというと、まるでただ生活していれば夢が叶うと思われるかもしれませんがそうではありません。著者は、まず自分の夢を本当に叶えたいと思うことでチャンスが来た時に迷わず行動することができると述べています。そしてそのチャンスが来た時にレーダーのように知らせてくれるのが、RASなのです。つまり、コロナ禍であってもRASを働かせれば、自分の夢を諦めずに方法を模索し、やりたいことを達成できた、と言えるのです。

本書の序盤ではRASの機能について学び、中盤では自分が本当にしたいことを実際に書き出して期限を決めていきます。終盤では目標を達成するために必要な条件や心得が三五〇ページに亘って書かれており、最後にピーズ夫妻の実話が記されています。彼らは決して元々裕福だったわけではありませんが、各国の講演やベストセラーを通じ、巨額の富を手にしました。ところが一夜にしてその資産を失って借金を背負い、夫のアランはうつ病を患います。二人が成功者に返り咲く際に役に立ったのが、まさに新しい目標と期限を決めてRASを働かせることでした。二人はこう言っています。

「どうすればそれが可能になるのかは、わからなかったが、何をしたいのかを決めていった。それがいちばん大事なことだということを知っていた」

本書を読み始めた当初、筆者は「偶然成功が重なった人の妄言」かもしれない、という疑念を抱いていました。しかしある引用を読んで心変わりして、RASを信じて行動することにしました。二人はこう言っています。

「人生でほとんど何も達成できない人、人生からほとんど何も得られない人が多いのは、自分の望みをはっきりとわかっていないから」(市中芳江訳)

書評した本

『歴史をかえた誤訳』

鳥飼 玖美子著

文庫判・300頁・605円
新潮社
978-4-10-145921-9

書評した人

仲 詩織《なか しおり》

上智大学外国語学部
英語学科4年

美味しいものを食べることが生きがい！　旬、異文化、料理やマナーに詳しくなって楽しみたい。

　グローバル社会、高度情報社会において、異文化との接触を避けることはできない。そして、異文化コミュニケーションの、おそらく最前線にあるともいえるのが、「翻訳」「通訳」であると著者は語る。「言葉は文化であり、文化は言語であるともいえる」からだ。文法や語彙に精通しているだけでは、訳すという行為を遂行することはできない。

　最近の例としては、ゼレンスキー大統領が国会演説を行った際の通訳ではないか。通訳者はプロではなく、ウクライナ大使館の職員または外交官が行った。東京女子大の鶴田知佳子教授はこの通訳者の翻訳を、母語ではない日本語にもかかわらず、固有名詞を正しく訳した、話の筋が通っていた、大統領のトーンに合わせた話し方、などのポイントで評価した（朝日新聞、二〇二二）。この通訳者のように、言葉のメッセージを正しく効果的に伝えるためには、両方の文化に関する認識や発言の意図の把握など、下準備が欠かせないのである。

　「翻訳者は反逆者」という格言があるが、翻訳で原文を忠実に伝えることは不可能だ、と済ますことはできない。本書は歴史上の重要な場面で起こった「誤訳」を通して、言葉による異文化理解への可能性を考える。まずは、誤訳が日本の歴史を揺るがした非常に有名な例に始まる。ポツダム宣言に対し、鈴木貫太郎首相は「ただ黙殺するだけである」と解答した。首相は「静観したい」という意向を弱気に見せないニュアンスで表現したかったため、「黙殺」という言葉を選択したそうである。時事通信社はこの言葉をignoreと訳し、日本側はポツダム宣言を拒否すると理解された。その数日後に、広島に原子爆弾が投下された。

辞書によれば「黙殺」は「無視して取り合わないこと」(デジタル大辞泉)。総動員体制を国民に強いるなかで無条件降伏にあっさり踏み切れない日本政府の真意が、「黙殺」という言葉には含まれている。一方、ignoreの同義語はreject(拒否する)である(The American Heritage of the English Language, 一九七〇)。日本語の「黙殺」という言葉が持つ複雑なニュアンスが連合国側に理解されれば、rejectと解釈されなかったかもしれない。このようにひとつの言葉の訳し方が、同盟関係や経済摩擦に大きく影響する。

また意訳をどの程度まで行うべきかも課題である。たとえばドナルド・キーンは『斜陽』を訳す際、「白足袋」をwhite globesと置き換えた。日本文化に慣れ親しんだ人にとって、「白足袋」は「正装ではあるが、やや古めかしい、旧式の和服」を想像させる。しかし異文化の人がwhite socksから同様の意味を思い浮かべることは難しい。そこでwhite globesで、英語文化圏と日本語文化圏のギャップを埋める翻訳を行ったのである。

「反省」の英訳についても提起されている。一九九二年の真珠湾攻撃五十周年では、天皇・皇后両陛下の訪中に際しての「深い反省」という発言が、外務省によりremorseと訳された。この訳し方が、ニューヨーク・タイムズ紙から批判されたのだ。『ランダムハウス英和大辞典』でremorseは「良心の呵責、後悔の念、懺悔の気持ち」など、強い語感を持つ。批判の根拠に、日本語の「反省」という言葉には、remorseのもつ「謝罪」というニュアンスが見出せない点をあげた。もし「謝罪」の意図を含むなら、それを政府の新しい方針とすべきだという。ニューヨーク・タイムズ紙による「反省」の英訳はself-reflectionで、「自己を振り返る」程度のそっけない意味合いだ。このコミュニケーション・ギャップが起きた理由は、日本語の「反省」が持つ微妙な意味を表すことができる英語がないからだろう。

翻訳者・通訳者に求められてきた、異文化理解に基づいたコミュニケーションは、今や、一般の人々にも必要不可欠だ。言葉は文化や生活、人の生き方と深く結びついている。その最前線である「誤訳」から、異文化コミュニケーションを学んでいきたい。

編集者より

生成AIの登場で翻訳や通訳という仕事は不要になるでしょうか? 本書を読むと、翻訳や通訳はむしろますます重要性が増すということがわかります。それらの仕事には大きな責任が伴うからです。歴史はたったひとつの言葉選びの誤ちによって、国の命運が変わってしまった例に事欠きませんが、AIには責任をとることができないのです。異文化コミュニケーションはむしろ、人間に残された貴重な領域になるかもしれません。

(新潮社　文庫編集部　菊池亮)

書評した本

『年年歳歳』

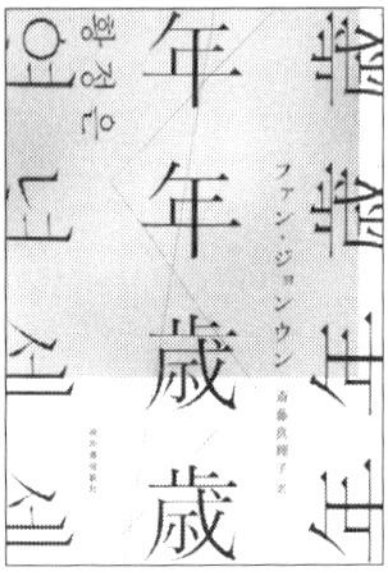

ファン・ジョンウン著

四六判・194頁・2145円
河出書房新社
978-4-309-20848-0

書評した人

青木 希実
あおき のぞみ

日本大学芸術学部
文芸学科3年

日本文学を学び、創作活動をしています。図書館の席は毎回同じところに座るタイプ。

著者はこの作品が家族の物語として読まれることを心配している。ページをめくって真っ先に目に入ってくるのがこの物語における登場人物の家系図であるのに、だ。筆者はこの物語を最後まで読んだとき、著者の心配の本当の理由について気づくことができた。

この作品は主人公のイ・スンイルという女性とその二人の娘ハン・ヨンジンとハン・セジンを中心とした連作小説集である。そして、朝鮮戦争によって人生の選択肢を奪われてしまった女性たちの物語だと言うこともできる。朝鮮戦争によって中学校にも行けなかったイ・スンイルは女中として働く際に「順子《スンジャ》」と呼ばれていた。そして彼女は、自分と同じように家族のために働き「順子」と呼ばれている女の子と出会う（「無名」）。

作中には「山」が何度も登場する。イ・スンイルが祖父の墓参りをするところから物語は始まる。その道中でイ・スンイルは次女であるハン・セジンに「もうそろそろ帰ってきて、家のことを引き継ぐ準備をしないと」と言う。私には私の生活があるというハン・セジンにイ・スンイルはさらに畳みかける。「結婚もしないで、何が生活なのさ」と。

その一方でイ・スンイルの夫であるハン・ジュンオンは、長男であるハン・マンスに相続できる山を持っていることを誇りに思っている。この山はイ・スンイルの亡くなった父のものであったが、彼の死後に持ち主不在の山として申告され、国家財産になるところを取り戻すことができた。しかし長男はニュージーランドで学生生活を送っており、韓国に戻ってくる気はないらしい。その山に不動産価値などなければなおさらだ。

こんなエピソードもある。イ・スンイルは親戚一同で出かけた済州島で膝の状態が悪いために火山の丘に登りたいけれど、うろうろするばかりだった。その様子を見ていた義理の息子であるキム・ウォンサンは、イ・スンイルを軽々と背負ってしまう。「うちのお母さんはほんとに小さいな」と娘のハン・ヨンジンは驚きを隠すことができない。

父から長男へと相続される土地としての山。祖先が眠っている場所としての山。年老いた女性が若い男性の手助けなしでは登ることのできない山。山というモチーフは、家族という共同体を維持していくために不可欠な家父長制と直結している。

家父長制において個人としての生き方は、家族という大きな概念の中に飲み込まれてしまう。飲み込まれることを避けられない登場人物たちは、お互いの過去の出来事について口に出すということをしない。けれども彼女たちは作中で最後までフルネームで呼ばれ続ける。そのことは「誰かの娘」であり、「誰かの母」と語られることから距離を取ることと無関係ではないだろう。

読者である私たちは、家族の間で語られることのなかったものに触れることができる。そこでは母や娘といったくくりの中でゆらぐ彼女たちを発見するだろう。そのゆらぎは読者である私たちのゆらぎと共鳴する。だからこそ著者のメッセージである「私たちは私たちの人生を、ここで」という言葉が私たちの人生を照らしてくれるだろう。（斎藤真理子訳）

訳者より

山に着目した読み解きがとても新鮮でした。特に、私も好きな火山の丘の場面を「老いた女と若い男の存在が織りなす磁場」と捉えていらっしゃることにハッとしました。本自体もまた一つの山であり、どこを登山口と見極め、どんなルートで登り、どんな景色を見るかは一人一人に委ねられています。青木さんがそんな登山の果てに「共鳴するゆらぎ」という景色に到達されたことに、感銘を覚えました。ありがとうございました。

（斎藤真理子）

書評した本　　　　書評した人

『96敗―東京ヤクルトスワローズ　～それでも見える、希望の光～』

長谷川 晶一著

四六判・352頁・1870円
インプレス
978-4-295-00349-6

畠山 夏海
はたけやま なつみ

帝京大学文学部史学科4年

西武ファン歴14年、横浜ファン歴7年のセパ二刀流。現地では外野席で大声で応援歌を歌う派。しかしコロナ禍で応援歌を歌えないため、なかなか現地に行けないのが悩み。


プロ野球の年間試合数は一四三試合。それを踏まえ、この本のタイトルを見ていただきたい。

「96敗」

これは二〇一七年シーズンに東京ヤクルトスワローズの負けた数である。年間勝率約三割。球団ワースト記録を更新し、最下位に沈んだ。

文藝春秋が運営している「文春オンライン」上にて「文春野球コラムペナントレース２０１７」という試みが行われた。十二球団それぞれに専属の担当ライターが現実のプロ野球ペナントレースと合わせて三月から十月までのワンシーズンの間、その球団に関するコラムを書き続け、「誰が一番面白いか？」を競う企画だ。本書は、ペナントレースに参戦したノンフィクションライターでありヤクルトファンである著者によるコラムが書籍化されたものである。著者は製作にあたり、「本書を読むことで『96敗の1年』が追体験できるように意識した」と述べている。

中には連敗が続き勝てない日々や大逆転負けといった、ヤクルトファンにとっては目を背けたい内容もある。

二〇一七年七月七日、五点リードの九回から登板した新クローザー・小川泰弘が三本のホームランを浴び六失点。結果八対九の大逆転負けを喫した。本書では「七夕の惨劇」と表現されており、ヤクルトファンにとっては思い出したくない、忘れたい、トラウマ級の出来事となった。試合後にはファンの不満が現場やネット上で爆発した。しかし、この「七夕の惨劇」のコラムのタイルには「僕は、あの日の夜を忘れない」と表記してある。元々先発投手として活躍していた小川投手をクローザーへ転向したのは、低迷するチームへの「カンフル剤」であった。決断が吉と出るか凶と出るかはわからない。しかし、それが散々悩んで下した決断だとするならば、ファンは見守っていきたい。そして何かが変わるきっかけとなる敗戦、後に「あの負けがあったから、今がある」と笑える日となると思う、と著者はまとめている。

本書にはヤクルトファンであり人気バンド、クリープハイプのメンバーである、尾崎世界観氏との対談もある。「7月7日（中略）、僕らは一回死んで、その後は死後の世界にいるような感じなんですよ」。尾崎世界観氏は「七夕の惨劇」をこのように振り返っている。

「どうして他人の勝敗でこんな一喜一憂しているのだろう」。野球好きである自分が野球の試合を見終わり、数時間経って、ある程度気持ちの整理が付くと必ず思ってしまうことである。自分のことを気にした方が良いのに、なぜか気持ちはグラウンドに立つ選手・監督と共に戦っているのである。だからこそ投打が嚙み合わないワンサイドゲームの試合も、あるいはチャンスを摑めず一点に泣く試合も、プロ野球選手という男たちが繰り広げる、一球一球の容赦ないサバイバルゲームが哀しくも美しく、そしてそれ以上に愛おしく思えるのだ。まさに「惚れた者の弱み」である。

絶望的な歴史を見て嘆くより、絶望的な歴史から今、そして未来をどう見ていくか。そんな反骨精神のエネルギーがこの本には詰まっている。この本を読んで、心の奥底に燃える何かを感じたなら、絶対大丈夫。きっと もう前は向けているはずだ。

著者より

書評文中にある「絶望的な歴史を見て嘆くより、絶望的な歴史から今、そして未来をどう見ていくか」、まさに、それが本書のテーマです。そして、二〇一七年の絶望と屈辱は、四年後の二〇二一年に「日本一」として結実しました。もちろん、歓喜の瞬間を球場で見届けましたが、二〇二三年は苦難の時期に。歴史は繰り返す。因果は巡る糸車。花の命は短くて……。はたして、二〇二四年やいかに？

（長谷川晶一）

書評した本　　　　　　書評した人

『ｉ　アイ』

西 加奈子著

文庫判・324頁・748円
ポプラ社
978-4-591-16445-7

舩津《ふなつ》 唯《ゆい》

帝京大学文学部4年

今年の目標は、一人旅をすることと芸術にたくさん触れることです。

今日も世界のどこかで人が亡くなり、どこかで新しい命が誕生している。悲劇の渦中にいる人もいれば、そうでない人もいる。人が亡くなったニュースを見ると、安全な場所で生きていることに、苦しさと申し訳なさでいっぱいになる。それが傲慢であることも分かっている。みんなが幸せであってほしいと、ただ願うだけしかしないのは、結局人を見殺しにしているのかもしれない。そんな悩みを持っていたから、自分の存在を大切にする物語に引き寄せられたのかもしれない。

　主人公のアイはシリア出身で、ワイルド夫妻の養子だった。アメリカ人の父・ダニエルと日本人の母・綾子はアイにとても優しく、いつでもアイの選択を尊重した。本来なら紛争が起こるような過酷な地域で生活していたであろうアイは、そんな恵まれた環境を不当に得たものだと感じていた。紛争や事故で犠牲者が報道されると、どうして自分ではないのか、悲劇に襲われる人はどのように決まるのか、自分はまた生き残ってしまった、という思いにさいなまれていた。繊細なアイにはミナという高校からの親友と、デモ活動で出会った夫のユウが側にいた。自分を滅して周りに合わせるように過ごしていたアイにとって自然な態度のミナは家族旅行に一緒についてくるほどお互いを理解しあえる仲だったし、ユウはアイの世界が彼一色に染まってしまうほどの大きな存在だった。

しかしアイとミナの間に、ある出来事が起ったとき、アイはミナの選択が許せなく、今までお互いを肯定し合っていた二人は初めてぶつかった。

二人の辛い状況が真逆なものであるからか、読者である私の気持ちは複雑な思いでぐちゃぐちゃになった。どちらも経験したことがない悩みなので、理解したくてもできず、傍観者になってしまった。ただ、ミナの「一言で言い表せないという表現は実際は正しい」という考え方に、アイやミナ自身だけでなく、読者の複雑な感情もそのままでいいのだと許してくれているように感じた。

最後の場面で、アイとミナが、お互いに本音で話したからこその強いきずなで結ばれたとき、お互いのさわやかで晴れやかな笑顔が想像できた。数学教師がはなった「虚無数・i」つまり「アイは存在しない」という言葉を呪いをかけられたかのようにずっと覚えていたアイが、その呪いから解放され、

「この世界にアイは、存在する」

と叫んだ。この叫びとともに、ありがとうや大好き、愛という、純粋な思いが込められた言葉が並ぶことで、読者も周りに感謝もするけれど、まずはたくさん自分を愛して許してあげようとなると思う。

著者は刊行記念インタビューで「アイちゃんは最初、ミナがいてくれてユウがいてくれて自分がいると思っている。でもそうじゃないんですよね。私がいるから、みんながいて、あなたがいるんですよね」(ポプラ社ウェブサイト)と答えている。人に恵まれているだけでなく、自分も人に幸せを贈っている、そう思うような傲慢だったら抱いてもいいのかもしれない。この世界に愛は存在する、という著者の心の叫びがたくさんの人に響いてほしい。

著者より

『i』のラストシーンを書いたとき、両親や家族、友人、一度だけ会っただけの人、とにかく今まで自分に関わってくれた人全てに感謝の気持ちが溢れて止まらなくなりました(実際何人かには泣きながらメールしました)。今思うとおかしなテンションですが、この物語がそうさせたのだと思います。あれは間違いなく私の愛でした。その思いを、このような素晴らしい書評で伝えてくださって、とても感謝しています。

(西加奈子)

書評した本

『マルタの鷹』

ダシール・ハメット著

文庫判・380 頁・814 円
早川書房
978-4-15-077307-6

書評した人

中島 大和
なかじま やまと

明治学院大学文学部
英文科３年

積読本の山が高くなる毎日ですが、書評や創作など書くことにも意欲的なこの頃です。ここ何年かで古いミステリ誌などの蒐集をはじめ、神保町散策が楽しみとなっています。

シャーロック・ホームズ、エルキュール・ポアロ、明智小五郎、エラリイ・クイーンなど頭脳明晰な名探偵は枚挙にいとまがない。名探偵たちは天才的な推理力をもって謎を解明していく。その謎解きの鮮やかさ、見事な論理に魅了される読者も多いことだろう。そういった謎解きを重要視するものを本格派推理小説、パズルストーリーなどと呼び、ミステリの一形式として広く浸透している。

その本格派に対してハードボイルド派と呼ばれるジャンルがある。ハードボイルド派の探偵たちは二十世紀初頭のアメリカで隆盛だったパルプマガジンから生まれ、ホームズやポアロ型の探偵像と双璧をなす存在として一世を風靡した。だが、ハードボイルドという言葉が、グミの商品名やテレビ番組名としてなど、様々な所で使われている今では、そこから連想されるものも様々であろう。

それはともかく、ダシール・ハメットによる『マルタの鷹』はハードボイルドの聖典というべき作品だ。サンフランシスコの私立探偵サム・スペードは若い女から駆け落ちした妹を連れ戻してほしいとの依頼を受ける。スペードの相棒アーチャーがその仕事を引き受けるも、何者かに射殺されてしまう。さらに駆け落ち相手とされる男も殺されていることが判明する。刑事から依頼人や事件についての情報提供を求められたスペードは「しゃべるかしゃべらないかはおれの勝手だ」と切り返し、「おれはおれの流儀でとことんやる」と宣言するのであった。単純な失踪人調査で幕を開けた事件は、殺人事件へと発展し、やがてスペイン皇帝への貢ぎ物であった黄金の鷹像をめぐる争いへと変貌していく。金と欲にまみれた人々と対峙する中でスペードがとった行動とは——。

スペードにはホームズのような天才的な推理力はない。こつこつと足を使い、身をもって困難を乗り越えていく。己に課した厳しいコードに従って、混沌とした狂気の時代を生きているのである。事実、ピンカートン探偵社のオプ（探偵）としての経験を持つハメットはスペードの探偵像について、同僚の探偵たちの多くがかくありたいと願った夢想の男であり、ホームズ風に謎を博識ぶって解こうとはせず、いかなる状況でも打ち勝つことのできるハードな策士でありたいと望む男である、と序文で語っている。物事の善悪が明瞭ではない社会にあっては、探偵は謎を解くだけでは終われない。事件を通して様々な困難が降りかかる中で、自らの生き方を貫いていこうとする。ハードボイルド小説とはその頑なな生き方を描く物語であると考える。

さらに特筆したいのが、『マルタの鷹』の表現スタイルだ。物語は三人称で語られるのだが、その際に内面描写を避け客観描写に徹しているのである。地の文での直接的な感情表現を排し、会話、登場人物の表情やしぐさといった外面描写のみで一つの長編を著したのだ。サム・スペードという探偵の造形とその独創性溢れる表現技法。これこそが、探偵小説という枠を超えて、『マルタの鷹』が不朽の名作となった由縁である。（小鷹信光訳）

書評した本　　書評した人

『オーデュボンの祈り』

伊坂 幸太郎著

文庫判・464 頁・825 円
新潮社
978-4-10-125021-2

大塚 周《おおつか しゅう》

明治大学文学部２年

漫画、小説などジャンル問わず幅広く読みます。今年の目標は読むスピードを早くすること。５００ページ以上の分厚い本を１日で読み切りたい。

二か月前にソフトウェア会社を退職した二十八歳の伊藤は、自分の人生をリセットしてみたいという理由でコンビニ強盗を試みるが、失敗する。そして彼は、中学時代の知り合いである城山によって逮捕される。城山は警察官でありながら、昔から人を痛めつけるのが趣味であり、人の苦しむ姿を見て愉しむ残忍な人間である。伊藤はそんな城山に捕まってしまったことを後悔していたが、図らずも乗っていたパトカーから逃げることに成功し、そのまま必死に逃走しようと試み、気づくと見知らぬ島にいた。

荻島というその島は、約一五〇年前から外界と隔絶されており、伊藤を連れてきた轟という男以外は、島の外へ出入りすることができない。島には、桜という唯一拳銃を所持する男がおり、彼は彼の判断で人を撃つことが認められている。そして優午という会話のできるカカシが存在し、未来に何が起こるのかを知っている。そんな非日常的な世界に、伊藤は暮らすこととなる。

しかし、ある日優午が殺され、物語は一変する。優午は島の人々にとって神様のような存在だったこともあり、その不在により島民に不安が生まれる。未来を見通せるはずの優午は、なぜ自分の死を防げなかったのか。伊藤はその謎を追う。

一方、城山は伊藤が荻島にいるという情報を聞きつけ、彼の元交際相手である静香を脅し、共に荻島へと向かう。優午の死の謎、伊藤の運命、島には大事なものが欠けているという言い伝えがあるが、それはなんなのか、伊藤はそれを補うことができるのか。

この島は、過去に支倉常長によって、ヨーロッパとの交流所として使用されていたり、優午の語りの中に、オーデュボンという百年以上も前に実在した動物学者が出てくる点など、フィクションとリアリティが共存する不思議な世界観が魅力である。優午は自身をオーデュボンと重ねており、同時に荻島の島民を過去、アメリカで、食用のために人間によって絶滅させられたリョコウバトと重ねている。その上で優午もオーデュボンもそれぞれ、荻島の島民とリョコウバトを救うことはできず、祈ることしかできないことを語る。

だがこの二人には、決定的な違いがある。それは優午には未来が見えること、そして何よりも人間の可能性を信じていたことである。だからこそあえて、彼は未来で起こる出来事を教えず、自分が信じた人間達に任せたのではないか。題名に込められた意味を考えると、オーデュボンの祈りは、殺されるリョコウバトへの縋るようなものだったのに対し、優午は、自らの信じた人間達への祈りだったことが興味深い。

一〇〇年ぐらい前、優午の精神の形成に資したお雅がこんな言葉を残している。「先のことなんて知らない方が楽しいんだ。もし誰かに聞かれても『面白くなるよ』って言って、教えないほうがいいさ」。人間は未来を知らないからこそ、希望を探しながら「勇気」という特別な歩み方をするのではないか。そのようなことを考えさせる作品だった。

編集者より

私も大学生のときに『オーデュボンの祈り』を読みました。大塚さんの書評を拝読して、当時の驚きや興奮が蘇ってきました。それとともに、「救うことはできず、祈ることしかできない」「人間の可能性を信じていた」といった文章に、現在の世界情勢や、自分の無力感を言い当てられる思いがしました。伊坂さんも大塚さんの書評を読み、自分のデビュー作にあたるこの本を読者の気持ちで読み返したくなったと嬉しそうでした。

（新潮社　文庫編集部　長谷川麻由）

書評した本　　書評した人

『運命論を哲学する』

入不二 基義・森岡 正博著

四六判・304頁・1980円
明石書店
978-4-7503-4826-1

前田 智成
まえだ ともなり

上智大学理工学部
情報理工学科1年

科学哲学や科学技術社会論、倫理学、社会運動に関心がある。この春にボクシングを始めた。

「運命」と言うと、何か胡散臭い感じがして、文明人がまともに向き合うものではないと思われがちだ。二人の哲学者がその「運命」という概念に正面から取り組んだのが、現代哲学ラボ・シリーズ第一巻『運命論を哲学する』（二〇一九）である。

本書は入不二の著書『あるようにあり、なるようになる　運命論の運命』（講談社、二〇一五）の内容を踏まえて、森岡から出た質問に対し入不二が応答するという形式で進む。ただし、第Ⅰ部は『あるようにあり、なるようになる』の森岡の目からの骨子であるため、未読でも安心してついていくことができる。そもそも本書を読むにあたって、必要とされる哲学的知識はほとんどない。強いて言えば、本書でも度々言及されている『まんが　哲学入門　生きるって何だろう？』（森岡正博・寺田にゃんこふ著、講談社現代新書、二〇一三）を予め読んでおくと哲学者の問題への斬り込み方に慣れておくことができるため、スムーズに議論に入れるはずだ。

第Ⅱ部では、入不二による講演からの、入不二と森岡による侃侃諤諤のディスカッションが繰り広げられる。そして第Ⅲ部では、講演で語り切れなかったこと、さらに考えたことが、入不二と森岡それぞれに記される。段階を踏んだ対話により徐々に思考が深まっていく様は実に読み応えがある。一瞬立ち読みしただけで私はその熱量に惹きつけられた。張り詰めた議論の中に、可愛らしいイラストや入不二の運命的な出会い（つまりは伴侶との出会い）のエピソードといった清涼剤も織り込まれているため倦むことがない。

入不二は「時間」という概念と、排中律（「全ての命題は真であるかもしくは偽である」という法則）を主とした「論理」とを利用して、論理的運命論を唱える。この主張を一言でまとめると、どのような現実の出来事もただそれだけでそう決まっている、ということだ。わかりやすく説明するために、因果的決定論や神学的決定論との違いを強調しよう。これらの運命論は「何か（因果関係や神さま）が現実を決定する」という構造を持つ。つまり現実より上位の何かを想定しているのだ。

一方、入不二の言う論理的運命論では、現実はそれのみで決定される。決定と言うより確定と言ったほうがいい。現実を非常に強力なものだと捉えているのだ。この論理的運命論をどこまで掘り下げられるかが、入不二の挑戦する課題である。詳細な議論には踏み込まないが、時間に関する当たり前の前提から出発した論理的運命論は、「言語、概念、思考の限界について」というメタ哲学的な問いにまで達する。その極地においては、もしかすると何かしらの宗教の極意と接点があるのかもしれない。余談だが、「入不二」の由来である『維摩経』「入不二法門品第九」は言語の限界を示す説話である。

とは言え、本書の内容そのものは、スピリチュアルなものや自己啓発とは基本的に無縁である。「運命」という言葉の持つ雰囲気からはかけ離れた、ドライな哲学的議論が展開される。が、現代哲学ラボの世話人である編集者田中さをりは後書きでこう述べている。「あの時あんな風に言い返してやればどんなにすっきりしたことだろうと、何度も何度も同じ気分を味わうあの嫌な感じ。入不二の著作や語りには、そんな恨めしい気分から解放させてくれる力がある」

研ぎ澄まされた論理は、日常で生じた悪感情を浄化する。その点において、この本は心が摩耗した現代人への処方箋となるかもしれない。私を雑念から脱出させてくれるものがここにはあった。

書評した本 書評した人

『少年が来る』

ハン・ガン著

四六判・280 頁・2750 円
クオン
978-4-904855-40-9

鎌田 征憲
かまた せいけん

東京大学前期教養学部２年

街の書店で開催される、文学作品を読む読書会に参加しています。学生は私だけですが、大人の方々との議論がとても刺激的で楽しいです。

響く銃声、溢れる無辜の民衆の血、まるで捨てられた人形のように扱われる死体……。現代のＫ‐ＰＯＰアイドルがみせる煌びやかな韓国のイメージとはあまりにかけ離れていて、若い世代には想像するのが難しいかもしれないが、本書に描写されるのは約四〇年前の韓国の現実なのだ。

一九八〇年五月十八日、韓国全羅南道の道庁所在地だった光州において、軍事政権に対して民主化を要求する市民と軍とが衝突した。軍は市民のデモを徹底的に暴力によって押さえつけたが、この出来事は韓国が民主化していく上での起爆点となった。

『少年が来る』は、この光州事件にまつわる六章の物語から成る長編小説である。第一章「幼い鳥」では、少年トンホが友人のチョンデと彼の姉を探すために遺体安置所である尚武館を訪れ、そこで出会ったチンス兄さんやウンスク姉さんを手伝って、軍に殺された人々の遺体の納棺を記録する。「君」ことトンホは年の割に華奢で周囲に心配されるが、戒厳軍がやってくるからここに居たら死ぬぞ、と言われてもなお、危険を顧みずチョンデを探すことを諦めない。

しかし、第二章「黒い吐息」でトンホの願いが河清であったことが明かされる。この章の語り手は死後の魂としてのチョンデだからだ。弔われることなく軍人にぞんざいに扱われ腐敗していく遺体は、かつて生きていた、人間だった頃の姿からどんどん遠ざかっていく。にも関わらず、遊離している魂の語りは、まだ生命が途絶えていないような鮮やかさをもっている。

第三章以降では、一九八〇年から数年、あるいは数十年経った後の物語が展開される。第三章「七つのビンタ」は、軍事政権下で検閲対象の本の編集を担当したキム・ウンスクが、検閲課から受けたビンタを忘却していく物語だ。第四章「鉄と血」では､軍に逮捕された「私」とキム・チンスが受ける拷問が描かれる。光州事件以後にも、軍人による暴力が終わることはなかった。

第五章「夜の瞳」、第六章「花が咲いている方に」は、それぞれイム・ソンジュ、トンホの母が語り手となる。一九八〇年五月を生き延びてしまったが故の苦しみと絶望が、語り手に刻み込まれていて無くならない。トンホは彼らの心の中で生き続けている。トンホの母は小声でそっと呼びかける。「……ねえトンホ」。「トンホ」という言葉に伴う、えもいわれぬ重く悲しい響きは章を追うごとに増幅され、第六章の母の声によって窮まる。

著者のハン・ガンは光州で生まれ九歳まで過ごし、光州事件の数ヶ月前に偶然にもソウルに移っていた。彼女もまた、生き残った一人として苦しみを背負っている。エピローグはそうした視点から語られる。

そして、それは光州事件を経験していない読者、日本では戦争を経験していない読者に、過去の暴力を知ることができている著者自身が、もうその暴力の跡も表面的には目立たない、平和な世界に生きていることを気づかせるのである。現在と断絶したものとして過去の暴力を眺めるのではない。過去の人々が受けた痛みを、現在の平和な状況でどのように受け止めるのかを、トンホを軸とした「小さな物語」は読者に突きつけているように思われる。

正直、この本を読み進めるのは苦しい。しかし、著者も苦しみを抱えている。彼女が苦しみに向き合う誠意は、この世のものとは思えない深い絶望にも、まっすぐ降りていくことを可能にしている。あなたも彼女と一緒なら、深く、深く降りていくことができると信じている。（井手俊作訳）

書評した本

『神様の暇つぶし』

千早 茜著

文庫判・304頁・748円
文藝春秋
978-4-16-791905-4

書評した人

山口 潤
やまぐち じゅん

國學院大學神道文化学部
神道文化学科宗教文化コース
3年

小説や絵を描くことが趣味です。創作趣味が高じて、新たな作品を世に送る出版業界を目指すようになりました。日本神話に詰まった魅力を、作品を通じて届けていきたいです。

「恋をすると人は変わる」とよく言われるが、後年、恋を経て変化した自分を客観視した時に、人はその経験をどう捉えるのか。幸せな思い出として心の奥にしまい込んでおくのか、思い出したくない苦い記憶として捨て去ろうとするのか、答えは様々だろう。本作は、良くも悪くも人を変えてしまう「恋」がもたらす愛憎を、生々しく真摯に描き出している。

ある深夜、鳴り続けるチャイムに引き戸を開けた先には、左腕に深い切り傷を作った血まみれの男がいた。藤《ふじ》子《こ》は動揺しつつも、父親を訪ねてきた男を治療し、別れ際に彼の名前と職業を思い出す。父親よりも数歳年上のカメラマン全《ぜん》さんは、父親の四十九日を終え、気力を失っていた藤子を連日のように連れ出し、食事を共にする。全さんの誘いをきっかけに藤子は、学生らしい旺盛な食欲を取り戻していく。

藤子はこれまで、恋をしてこなかった。頻繁に恋人を変える友人・茉月の恋愛相談に乗るだけの大学生活を過ごしていた藤子を、全さんとの奇妙な関係が、変えていく――。

この小説は、成長し社会人として日々を過ごす藤子が、全さんと過ごしたひと夏を追想する形で物語が進行する。ある男から全さんの写真集を手渡され、それを機に当時の自分の行動や心情を客観視し、全さんとの幸せな時も苦い記憶も同時に思い出そうとする。彼女はなぜ、苦い記憶までも思い出そうとするのか。その問いに対する答えは、本作の冒頭に示されている。

「時間は記憶を濾過《ろか》していく／思い出とは薄れるものではなく、濾《こ》されてしまうもの。細い金属の糸でみっちりと編まれた網に通され、濁りが抜けおちていく。（略）あのひとは決してきれいなだけの人ではなかったから、きれいな記憶になんかしたくはない。思い出の細部を見つめ、目を背けたものに目をこらす」。

このように、藤子の全さんに対する現在の心情が序盤に語られることで、読者も、恋以外すべてを見失った状態ではなく、藤子の客観的なまなざしから、その日々について読み進めることができる。本作は恋愛小説でありながら、藤子の心情の変化や恋の行方を推理しながら読み進めるミステリー小説のような要素を持ちあわせているのだ。この書評を書いた筆者もまた、謎を秘めた冒頭の描写に惹かれこの小説を読むに至った。

登場人物達は「愛」にまつわる様々な感情を発露させる。友愛、性愛、家族愛、師弟愛、自己顕示や嫌悪感など、藤子と全さんを取り巻く世界には強い感情が溢れている。毎晩のように共に食卓を囲む彼らは、素直な感情を伝え合う。喜びや悲しみ、怒りや後悔。それらはまるでカレーに混ぜ込まれたスパイスのように、食事の最《さ》中《なか》、交わされる言葉にじんわりと染み込んでいる。何気ない一言から滲み出るその繊細な感情は、ふとした時に露わになる。

印象深いのは、お好み焼き屋でのやりとりだ。色好みの全さんは、これまで泣かせてきた女性達を軽口ながらも気にかける。それを藤子は「ださい」と一蹴し、心配しなくても全さんのことなんて皆忘れる、と言葉を返す。全さんは「そうだな」としわがれた声で肯定しつつ肩を落とすが、目の奥をぎらぎらと輝かせていた。

普段は飄々としている全さんが不意に露わにする感情は、繊細ながらも触れた人の心を切り刻むような鋭さを有しているのだ。

その感情に直に触れてしまった藤子はどんな変遷を辿ったのか。

是非ともふたりの行く末を見届けて頂きたい。

著者より

『神様の暇つぶし』は、現段階での私の唯一の恋愛小説だと思っています。時間と写真（写し写されること）、恋愛の残酷さについて考えた物語でした。生につながる食事シーンはひときわ意識して書いたので、登場人物たちの感情を「カレーのスパイス」に例えてくださったのは嬉しかったです。書評にもあるように、恋や人の心情はミステリーなのかもしれません。謎をそっと解くように細やかに読んでくださってありがとうございます。

（千早茜）

書評した本

『発達障害当事者研究　ゆっくりていねいにつながりたい』

綾屋 紗月・熊谷 晋一郎著

Ａ５判・228頁・2200円
医学書院
978-4-260-00725-2

書評した人

市嶋 希望
いちしま のぞみ

帝京大学文学部
社会学科２年

どこにでもいる大学生。基本的になんとなくのほほんと生活をしている。大学では障害学を主に勉強している。

本書では発達障害の当事者である綾屋紗月が、自身の経験してきた生活の中での困難をいくつか取り上げて、なぜそのような状態になってしまうのかを考えている。問題の原因として、情報のまとめあげ方に「普通」との差異があると指摘する。

発達障害は、「社会的コミュニケーションの問題」「常同的な行動（こだわり）」等の診断基準の一部が、その特性として知られている。しかし、個人にフォーカスしてみるとその特性は実に多様であり、一般的に知られているものだけでは説明しきれない。しかもその特性から生じる困難さは、「普通」の人が感じるものの延長線上にあり、見た目には表れない。仮にそれをほかの人に話したとしても「そんなの私も感じるよ。みんな同じだよ」と片付けられてしまう。そして、この感覚は本当にあるものなのだろうかと疑い、自身の感覚が不確かになっていく。綾屋が自身の感覚の実在性を疑うような描写がある。

「だが……「だれでもそう」なのか？　それにしてはみんな、なんてことなさそうに過ごしているではないか。（中略）身体に起きていることは人と同じなのに、私だけが「感じすぎる」のか？」

本書では「感覚」という、他者と比較しにくい経験を中心に扱っている。第1章、第2章では感覚の中でも身体内部から生じる感覚と外界から入力される感覚について述べ、この基礎的な部分から自閉を再定義している。

その後、綾屋の特異な経験を再定義した「自閉」という概念から分析していく。最後の章では共同執筆者で脳性まひの当事者である熊谷晋一郎がそれまで綾屋が述べてきた概念、分析を用いて自身の経験について捉えなおしたうえで、「ゆっくりていねいにつながる」ということについて言及する。

たとえば会話するという体験についてこんな事例が挙げられている。会話への参加は発声するところから始まるが、綾屋は会話の際の大量の情報の流入によって発声ができなくなる。そのため、綾屋は時折手話を使用する。しかし多数派の「声」を手段としたつながり方では、それ以外の手段でつながることはできない。つまり声を使わずしてつながろうとする人を、疎外することになる。相手の困難を理解してつながろうとすることで、綾屋が経験したようなコミュニケーションにおける疎外は軽減される。これが「ゆっくりていねいにつながる」ということなのかもしれない。

綾屋は「あなたと私の困難さは「質的に同じでも量的に異なる」のではないだろうか」と問う。現在、巷にあふれかえっている「多様性の言説」では、あなたと私の苦しさの違いが、すべて同じレベルとしてしか、認識できないのではないだろうか。苦しさ、困難さのレベルの違いを認識できるようになってようやく、「多様性の言説」で多くの人が救われるのではないだろうか。

苦しさのレベルの差を知るには当事者の語りが必要不可欠となってくる。本書は再定義し、わかりやすい言葉に組み替えられた「自閉」の概念により、その苦しみが腑に落ちるように書かれている。この本には「多様性の言説」をレベルアップさせるためのヒントがたくさんある。質的ではなく量的に、理解をすることが重要なのだ。

様々なマイノリティについての理解が進んでいく一方、発達障害に関する理解はどこか頭打ちになっている印象がある。それは感じ方、感覚の捉え方という難しい部分が、問題となっているからなのだろう。

多くの人に読んでほしいと心の底から願う。そして感じ方、捉え方の違いについて知ってもらえたら嬉しい。

著者より

市嶋さん、読み込んで下さって本当にありがとうございます。こうして今なお、本書が若い方たちに読み継がれ、人々の偏見を減らし、多様性を包摂する社会への変革に貢献できるのであれば、何よりの幸せです。ご指摘のとおり、本書の出版当時と比べると当事者による発信は増えましたが課題は山積みです。共に立ち向かっていけたら嬉しいです。本書のその後の展開については拙著『当事者研究の誕生』（東京大学出版会）をご覧下さい。

（綾屋紗月）

書評した本

『鏡をみてはいけません』

田辺 聖子著

文庫判・336頁・586円
集英社
978-4-08-747103-8

書評した人

嶋田 かゆ
しまだ かゆ

桜美林大学
リベラルアーツ学群3年
社会学専攻

ゼミで「格差社会」について学んでいます。社会学を学び、自分がいま生きている社会に目を向けるようになりました。そんな中「当たり前って何だろう」という疑問にぶつかり、社会に人に興味を持つようになりました。

私は『おちくぼ姫』を読んだことがきっかけで、田辺聖子の作品の沼にはまった。日本の昔話の一つでもある『落窪物語』の現代語訳である。人の情、葛藤、そしてやさしさをさりげなく表現している。それが彼女の作品の好きなところだ。彼女の残した数多くの作品の中から今回は、『鏡をみてはいけません』を紹介したい。

主人公の野百合は恋人の律と同居を始め、彼と彼の息子の宵太《しょうた》のために朝ごはんを作る。律の妹の頼子も一緒に暮らしている。頼子に戸惑いを感じながらも、嫌いにはなれない野百合。彼の元妻、橘子《きつこ》の存在も悩みの種となる。

「朝ごはんを一緒においしく食べられる人と住みたい」という野百合の願いは叶うが……。自分の居場所はどこなのか、という壁にぶつかる。このままでいいのか、本当に今の状況に納得しているのか。

野百合は会社に勤めていた。律と暮らす今は仕事を休んでいる。仕事を辞めるか、もう一度会社で働くのか。悩んでいる彼女に律が放った一言が印象的だった。

「会社で働き、家でも働く、なにもそんな、瞬間最大風速みたいな生きかた、せんでもエエやないか、――走らんと、歩こやないか」

律のこのスタンスは生きるうえで大切なのかもしれない。なにかをするとき、人は一生懸命になってしまい、自分を追い込んでしまう。そんなときに「走らんと、歩こやないか」と自分自身に声をかけてみたら、こころが軽くなるのではないだろうか。

そんな律に対して野百合は「べたーっと」男のそばにいたら後悔するんじゃないかとも思っている。しかし、結婚しても、変わらなくてもいいという律の態度に気が楽になっている。

朝ごはんへ強い思い入れを持つ律。朝ごはんを作るのが嫌いではない野百合。だが律とのすれ違いで募っていく苛立ち。そして「朝ごはんスト」が野百合によって行われる。揺れ動く気持ちの行き先はどこなのか。

一方、宵太へ抱く感情も話が進むにつれ変化していく。眠っている宵太をみて「どこの馬の骨だろう」という感情。それと同時に「おなかが冷えてはいけない」とタオルケットをかける気持ち。母親ではないが募っていく宵太への想い。この作品は「家族」の概念を考え直すきっかけにもなる。一〇〇家族あれば一〇〇通りの形があり、それぞれに悩みを抱え、支え合いながら生きている。互いが家族と思えば、家族だ。私はこの作品を読み終わったあとにそのように考えた。

田辺聖子の作品は日常を描いたものが多い。なぜなのだろう。私は「日常の尊さ」を伝えたかったのではないかと思う。誰と比べるわけでもない。日常の小さな出来事の中に感動を見出すことができたら、毎日が今よりも豊かなものになるのではないだろうか。

今回は『鏡をみてはいけません』を紹介させてもらった。これをきっかけに田辺聖子の他の作品も読んでみてほしい。日常こそがかけがえのないものであると気づくはずだ。

編集者より

嶋田さん、この作品を読んで下さってありがとうございます。恋愛、仕事、家族の問題に悩む主人公の気持ちに寄り添い、さりげない「日常の尊さ」を大切にする意味について考えていただき、田辺先生も喜ばれると思います。律が「うまい朝めし食うてたら子供は非行せえへん」というのは、著者の至言です。少しビターを効かせた情ある田辺ワールドは読む年齢によって感じ方が変わりますので、今後も楽しんでいただきたいです。

（集英社　文庫編集部　担当者）

書評した本　書評した人

『放課後レシピで謎解きを うつむきがちな探偵と駆け抜ける少女の秘密』

友井 羊著

文庫判・400頁・814円
集英社
978-4-08-744356-1

片岡 あみ
かたおか あみ

國學院大學文学部
日本文学科４年

文芸系のサークルにて、作家の先生の講演会の開催準備をしています。直接お話ができる日を夢見て、日々奮闘中です。

極度のあがり症で人と話すのが苦手な落合結。元陸上部でトラブルの火種になりやすいがまっすぐな荏田夏希。普通に出会えばきっと関わることのなかった正反対な二人が、校内で起こる事件をお菓子作りを通して解決していくことで、様々な人々、そして自分自身と向き合っていく物語だ。

高校二年生の結と夏希はともに学校で浮いていた。結は人と会話することが苦手な上に、数少ない友人とクラスが離れ、頼りにしていたセンパイは卒業してしまい、一人でいることが多かった。夏希は猪突猛進で曲がったことが大嫌い。一方、注意散漫なことが多く、トラブルを多発し、腫れもの扱いされていた。そんな二人は、調理部の実習で二人が作ったパンだけが膨らまなかったという「事件」をきっかけに、二人で謎解きをはじめる。なぜパンは膨らまなかったのか。猪突猛進の夏希が結を引っ張り、校内で聞き込みをし、レシピをヒントに結が謎を解く（「膨らまないパンを焼く」）。

「足りないさくらんぼを数える」では、写真部の部室にあるさくらんぼの数が合わない事件と、そこに隠された一人の生徒の悩みを。「慣れないお茶会で語らう」では、結の作ったマドレーヌが消えた事件と、みつかったマドレーヌの味がしなかった謎を。「固まらない寒天を見逃す」では、夏希の牛乳寒天が固まらなかった謎と、その事件に潜むある人物の思いを。「落ちない炭酸飲料を照らす」では、陸上部の金庫から現金が盗まれた事件と、夏希が陸上部を辞めたわけを。「食べられないアップルパイを訪ねる」では、夏希が好きだったアップルパイを食べられなくなった理由を。「熟していないジャムを煮る」では、夏希の妹、千秋がいなくなった事件を。一つ一つ事件と向き合い、解決していくことで独りぼっちだった結と夏希は周りと交流し、関係を構築していく。夏希は結が傷つくことが嫌で、結は夏希が疑われるのが嫌で、お互いがお互いを守るために、苦手なことに挑戦していく。そうした行動はいつしか周囲の人の〝弱点〟や苦手を助けることとなり、「かけがえのない誕生日ケーキを分け合う」で、まわりまわって結と夏希に返ってくる。

本書は極上の料理と青春ミステリーが味わえる、女子バディものだ。ただこの物語の魅力の本質は、それだけでは表せない。起こる事件はどれも、学校生活や日常の範囲内にある。彼女たちが抱えている悩みもいわば「ありふれたもの」で、きっとどこの学校にも存在しているだろう。でも彼女たちはそれをないがしろにしない。どんなに苦手なことでも大切な人のために向き合い、乗り越えようとする。

「ありふれたもの」「あたりまえのもの」、この物語はそこにスポットを当てる。誰もが日常で普通に食べているパンや寒天、炭酸飲料といったものに潜む謎。同じように、誰もが当たり前に思っている学校や社会の中に存在する問題。それに気づかせてくれるのが結と夏希の物語なのだ。

うつむきがちな探偵と駆け抜ける少女、二人の物語に出会ってほしい。読み終わったあと、今まで見ていた世界のフィルターが、一枚外れる感覚を味わうだろう。

著者より

この作品の第一話を書いた時点で、結と夏希の行く末は決まっていませんでした。連載を続けるなかで二人は悩みと向き合い、困難を乗り越えながら成長していきました。その姿は、作者の持っていた思い込みや不見識を解消するきっかけを与えてくれました。僕自身が二人から学んだことを読者にも伝えたい。そんな願いを、片岡さんが「世界のフィルターが、一枚外れる感覚」という言葉ですくいあげてくれたことを嬉しく思います。

（友井羊）

書評した本 書評した人

『凛として灯る』

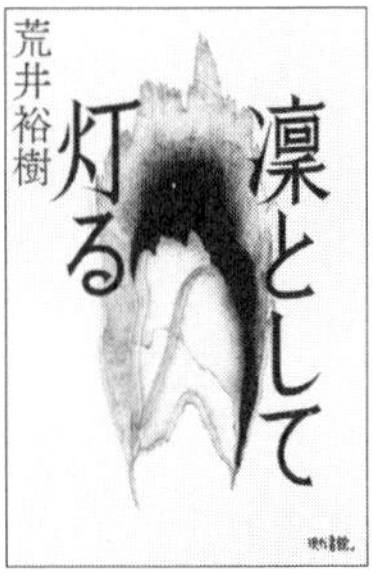

荒井 裕樹著

四六判・240頁・1980円
現代書館
978-4-7684-3592-2

初芝 里帆《はつしば りほ》

二松学舎大学大学院
文学研究科博士前期課程２年

ゴッホが好き。夏休み、新宿のＳＯＭＰＯ美術館で「ひまわり」を見てきた。とても優しい感じだった。絵は自分でも描く。休日は絵画教室で油絵を習い、青い絵を描いている。

本書はウーマン・リブの運動家の米津知子の評伝である。

一九七四年四月二〇日に東京国立博物館で開催された『モナ・リザ展』は乳幼児を連れた人や付き添いの必要な人の入館を断っていた。公開初日、展示会場で「身障者を締め出すな」と抗議を叫び『モナ・リザ』に赤いスプレーを噴射した知子が警察へ連行されるという事件が起きる。

この事件を主軸として学生運動、ウーマン・リブ、障害者運動といった様々な社会運動が地続きであることを示しながら、彼女の半生を回想する形式で進んでいく。

びっしりと手書きされた長文のビラが随所に挿入されている点が魅力的だ。リブのビラに書かれる言葉は、男性が主体であった全共闘の生硬な用語とは異なる。それは意図的に肉声を強調し書かれたものであり、女たちが自分を曝して真剣にぶつかっていくような印象を受けるとともに、当時の運動の温度を感じた。「届け」「伝われ」という切実な願いと、「目を逸らすな」「女も、障害者も生きさせろ」という悲痛な叫びが入り乱れているようだ。「欲望の畑にクワを入れろ」といった一見すると扇動的な表現から、「ありのままのあなた」と出会うためにそれを書く者も「ありのまま」を曝しているのだと、著者は当時の生の言葉を端緒として文字列では読み切れない裏側を映し出していく。
リブ合宿後、『婦人公論』に寄せた手記の中で、知子は自問する。

ざまあみろ、とうとうやった。しかし、誰に向ってざまあ見ろなのだろう？

「自分を救うためには、自分を壊すしかなかった。」と書かれるように、葛藤しながら自身を見つめて生き抜いてきた知子の心情を丹念な筆致で拾い上げ、「世の中の不合理」や「権力への反抗」といった大きな物語に包摂されがちな、個人の生きた足跡を残している点に読みごたえがある。

「どの女性の身に起きたことも、決して他人事では済まなかった」と語る米津はリブ新宿センターにおいて、機関誌の発行、家出・暴力・妊娠・中絶・避妊などの女性のための各種相談、デモや集会の企画運営など多岐にわたる活動を行う。

こうした二四時間三六五日、生活即運動といった壮絶な時間を「皆、小さな火花を見つけて集まってきたんです」「やっと会えたから大事にしたかった」と本書の刊行記念イベントで米津本人によって振り返られていたのが印象的であった。

本書のあとがきで著者の荒井氏は「私には無理だろう」と「私にしか書けないだろう」の狭間で揺らぎながら一文字ずつ積み上げたと語っている。それはどんな感じなのだろうか。

書くとは自分と向き合うことなのだと思う。

世界でたった一人、たった一つのことを書くこと。

しかし、それを通じて誰かと繋がることができるということ。

本書は、現代において取り零されやすい個人の存在を文学で掬い取るという挑戦に果敢に臨んでいる。

著者はこうとしか言えない表現で「心の在処」を証明し続けている。

編集者より

米津さんをジャンヌ・ダルクにはしたくない、という思いが荒井さん（と私）にはあった気がします。スプレー行動とあると勇ましい印象を受けますが、背後には何重にも絡まり合う差別に押し潰されてきた米津さんの痛みがある。ＳＮＳには事件を冷笑する人が今も多くいます。でも初芝さんのように痛みから他者とつながり、自己と社会のあり方を見つめられる人もいる。米津さんがつけてくれた灯に集うことこそが今必要なのだと思います。

（現代書館　編集部　向山夏奈）

書評した本

『密やかな結晶』

小川 洋子著

文庫判・448頁・902円
講談社
978-4-06-521464-0

書評した人

小林 捺哉
こばやし なつや

帝京大学大学院教職研究科
教職実践専攻1年

あと人生通算何回自己紹介すればいいのか教えてほしい。

また消滅が起こった。今度は何がなくなったのかまだわからない。生活からそのものの意味や価値がなくなっていく。起き上がり、今回消えたものが「小説」であることがわかった。

この島では消滅と呼ばれる現象が度々人々に降りかかる。消滅は固有名詞を持つ万物に起こった。「香水」、「バラ」、「春夏秋」、「右腕」。消滅が起こったものは島の全員で処理をする。川に流したり時には燃やしたり。どうしても処理できないものは放置するが、直に皆、何もなかったかのように生活へと帰っていく。消滅が起こったもののことはもう思い出せない。どこか肌寒いはずなのに。

しかし中には消滅の影響を受けない人たちがいる。消滅は速やかに行われなくてはならない。消滅の治安維持のために島には記憶狩りと呼ばれている集団がいる。記憶狩りは消滅の影響を受けないものたちを連行してどこかに隔離している。島のあちこちで連れていかれた人の話を耳にする。それすらも日常生活である。

「わたし」は消滅が起こる前は小説を書くことを生業にしていた。それを支えていた編集担当者のR氏は狩られる側の人間だった。「わたし」は彼を三畳ほどしかない小さな隠し部屋に匿うことにした。彼に少しでも喜んでもらえるように、狩られてしまった母が残した消滅したものを小さな部屋に集めた。「わたし」たちは「小説」をどうするか話し合った。

このやり取りの中に、消滅する者と消滅しない者の違いが出ていた。「わたし」にとって消滅の起こった小説は彼を危険に晒すもの以上の意味合いがなくなっていた。それに対して彼は危険を承知の上で「わたし」にとって心を豊かにする大切なものと主張した。同じように大切だと思い合っていたものが、二人の意見が食い違う分岐点になってしまった瞬間であった。

この瞬間は物語に限られた話ではないはずだ。かつて大切だったものが、時が経つにつれて大切ではなくなることを劇的に表していると考えられる。あれだけ欲しがったぬいぐるみがいつのまにか部屋に転がるような。

私たちはどうしても忘れていくようにできている。覚えておこうとしたのに忘れてしまって、覚えておこうとしたこと自体も忘れてしまう。このことを考えると怖くなる。何かを掴もうとしているのに、掴む手が、そもそもないことに気がついてしまうような……。これは寂しさではない。希望でもなければ絶望でもなく、虚無でもない。確かな形を持った何か、だがどうもこのことを言葉にすることはできない。確かに味わったことがあるはずなのに。見ているもの、見ていたものに靄がかかり始めるこの体験をどうか味わってほしい。

著者より

『密やかな結晶』は入口がいくつもあって、どこから入っても、物語の世界を自由に旅できる小説ではないかと思っています。読者の皆さんが、自分だけの扉を発見して下さったら、作家としてこれほどうれしいことはありません。もしかすると、小林さんは、小説を書いた本人でさえ気づいていない何かと、出会ったのかもしれません。

（小川洋子）

書評した本

『想像ラジオ』

いとう せいこう著

文庫判・224 頁・495 円
河出書房新社
978-4-309-41345-7

書評した人

馬渡 千咲希
まわたり ちさき

桜美林大学
リベラルアーツ学群４年

好きなことは中国ドラマの鑑賞。毎日ハードディスクの容量との格闘をしている。字幕なしでも見られるよう、中国語を勉強中。

毎年のように地震や豪雨といった大規模な災害が発生している。そんなニュースを見る度、何かが突き刺さったように私の胸は痛む。何もできない自分が不甲斐なくて、耳を塞ぐようになった。知らなければ、幾ばくか楽になれると思ったのだ。そんな私にこの作品は訴える。「耳を塞がないで」と。

軽快なリズムでラジオの進行をする彼はＤＪアーク。スタジオもラジオ局もない、想像ラジオのパーソナリティだ。山の杉の木に引っ掛かったまま放送している。水中や山奥、どこでも身一つで視聴可能だ。けれど、少々特殊なこのラジオはリスナーを選ぶ。本書は、ラジオで話す者と、耳を傾けようとする者の物語だ。

全五章で構成されており、奇数の章はＤＪアークが話している。きっと喋るのが好きなのだろう。過去の失敗談から恋バナ、果ては即席の小説を披露したりと引き出しは多い。偶数の章ではＳという人物がラジオを聞こうとする。Ｓには想像ラジオが聞こえない。聞こえないが、存在すると信じている。どういう姿勢で聞くのがよいか、時に友人と意見をぶつけ、模索する。

リズミカルなＤＪアークの喋りには時々抑えきれない

感情が垣間見える。怒り、もどかしさ、不安、悲しみ。「神様の所業なのだろうか。呪いなのだろうか。」飲み込めない感情をＤＪアークは言葉にしていく。この作品のモチーフは東日本大震災だ。

人は生物である以上、誰だって死ぬ。災害か病か、老衰か事故かわからないが、必ず死ぬ。避けられぬ事象であることは知っているが割り切れない。逝く者、残される者双方にどこか「理不尽さ」が伴うからだろう。作中にこんな文がある。

「生者と死者は持ちつ持たれつなんだよ。決して一方的な関係じゃない。」

あの人が生きていれば、と思うとき必ず生者と死者が存在する。生者は死者を思い、死者は生者の思いに応える。共に存在し、共に未来を作り出す。どちらが欠けてもいけない。

多くの人にとって、死は日常にはない。人の社会は、生きている人を中心に動いている。忌引きで休もうとも、数日で社会に戻る。普段の生活に忙殺され、悲しみに浸っていられない。現実で精一杯なのだ。

私たちが命尽きた瞬間、この世界からは居場所はなくなるのだろうか。誰にも目を向けられない私はいないも同然。それが世界から消える瞬間だ。

死者を思うとき、「死」という事実と向き合う必要がある。残された者は、耐えがたい悲しみを背負うかもしれない。しかしその時間は、生者を通して死者はこの世界に存在できる。

東日本大震災から十一年が経った。簡単に情報が手に入る時代に、世界は刻々と更新されていくように感じる。まるで死者が入り込める空間が埋められていくようだ。死を忘れると同時に、生きていることをも忘れつつある気がする。しかし、作品を通してあの日を思い出す。

鼓動に、体温に少しだけ耳を傾けてほしい。

今、生きている。この瞬間は消させない。

書評した本

『夏物語』

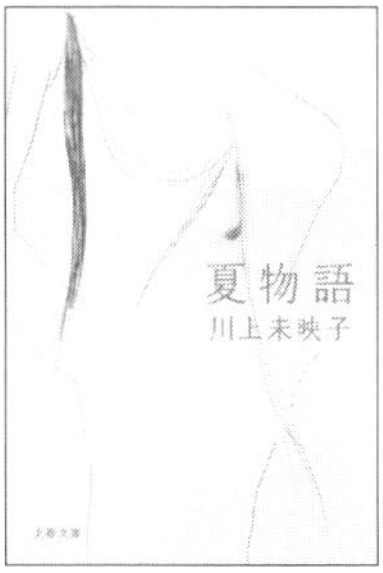

川上 未映子著

文庫判・656 頁・1067 円
文藝春秋
978-4-16-791733-3

書評した人

清宮 優衣
せいみや ゆい

大阪大学文学部４年

秋も冬も好きですが、冷たい水は苦手です。すでにシンクは食器でいっぱい。洗濯物もカゴにいっぱい。風呂場のカビと生きていきます。

育った家の窓の数を尋ねると、相手がどれくらいの貧乏だったかがわかるのだという。「あなた、貧乏人？」という題で始まる第一部は、半年ほど前から家で一切口を利かない娘の緑子を連れて、姉巻子が東京の夏子のもとに来る二泊三日の話である。

巻子がホステスとして働き続ける、夏子の故郷である大阪の「笑橋」は「茶色に変色しながらかたむいているような雑多な密集地帯」で、そこで生活する人は皆、「貧乏の世界の住人」たちだ。シングルマザーの巻子も例外ではなく、貧困は緑子が口を利かなくなったこととも大きく関わっている。自分のために働いてやつれていく母を見て緑子は苦しんでいたが、同級生にからかわれるような巻子の職業のことやお金のことで言い合いになり、巻子の仕事について否定的なことを言って傷つけてしまう。これ以上巻子を傷つけまいと緑子は口をつぐむことにしたのだ。

二日目の夜、初めて口を開き「ほんまのことをゆうてや」とうまく説明できない思いを泣きながら巻子に訴える緑子の声の中には、「笑橋」に生きる人の、吃音の、片言の、「ふるえるようなかすれた声」の、不明瞭な言葉の響きが織り交ぜられている。二人の間に互いを納得させられる言葉はない。小説は、痛みから生じる相手の声に触れることを通じて、母娘を娘同士のように和解させている。

第二部はその八年後で、夏子は念願の作家デビューを果たしている。しかし子どものころ亡き祖母や母、巻子との間にあったようなセンシュアルで親密なつながりのない東京での生活の中で寂寥感を募らせ、自分の子どもを欲するようになる。セックスができないため、精子提供による妊娠の方法を探るが、その中で精子提供によって生まれた善百合子に出会う。彼女は夏子のつくろうとする子どもが、生まれてきたことを心底後悔したらどうするのか、と問い、「自分の子どもがぜったいに苦しまずにすむ唯一の方法っていうのは、その子を存在させないことなんじゃないの」と話す。彼女の言葉に衝撃を受けた夏子は、しかし次第にその訴えを「体のとても深い部分で」理解し、一度は子どもを諦める。

最終的に夏子は子どもをつくることを決断し実行に移すのだが、それを善百合子に「間違うことを選ぼうと思います」と伝える。彼女の言葉に同意しながらも従わないことで、夏子は耳を傾けられてこなかった彼女の声を発せられた言葉以上に感じ取り受け止めて、その痛みを抱えた生を肯定しようとしたのではないだろうか。

出産の場面で幕は閉じられるが、産後の手伝いには大阪から緑子や巻子が来ることになっている。彼女たちが暮らす「笑橋」では、資本を持たず苛烈な経済競争からはじき出されて、それゆえ暴力にさらされやすい人たちが今も身を寄せ合って生きている。周りの女たちの手を借りながら脆弱な存在を生み育てようとする夏子は、「公」も「私」もないような雑多な「笑橋」の空間を、東京の隙間に呼び寄せようとしているのかもしれない。

『夏物語』は、「女性活躍」の謳われる新自由主義的状況下において、どのような人の声が抑圧を被るのか、そしていかに抑圧に抵抗し、他者とともにあることができるのか、考える手掛かりを与えてくれているように思う。

著者より

ときに、それについて書かれた書評や批評、感想のほうが対象となった作品よりも重要なのではないかと思えるものがありますが、清宮さんの文章はそうでした。丁寧に力強くテーマをつかんでいく手つき、どんな些細な描写も見逃すまいと研がれた言葉えらび、善百合子の「同意しながらも〜」のくだりの読解の鮮やかさ。読まれることで作品は深みを増し移動し繊細に濃くなっていくのだということに改めて感じ入りました。幸せでした。

（川上未映子）

書評した本

『中世実在職業解説本
十三世紀のハローワーク』

グレゴリウス山田著

Ｂ５判・292 頁・2970 円
一迅社
978-4-7580-3255-1

書評した人

塚本 愛
つかもと あい
神戸松蔭女子学院大学
文学部日本語日本文化学科
３年

３年になってから、より本格的に日本文学のことを学ぶことができて、ゼミがとても充実している。就活の足音が聞こえていることに怯えながら、今日も元気に現実逃避。

私は中世ヨーロッパが好きだ。より詳しく述べるとするならば中世ヨーロッパを舞台とした小説や漫画、ゲームを好んでおり、書店などで中世ヨーロッパを舞台としている作品を見かけるとついつい手に取ってしまう。そして読了後や攻略後は、もし私が中世ヨーロッパで生活するならば、どのような暮らしをするだろうと想像力を働かせ、心躍らせるまでが一連の流れである。

　そんな中世ヨーロッパ好きの私の心を盗んだのが本書である。『13歳のハローワーク』を意識したタイトル通り、十三世紀に実在していた職業が事細かに記載されている。一つの職業につき、見開き一ページで紹介され、左側は人物絵と「解説」、「属性」や、レーダーチャートで「能力」が図式化され、一目でその職業を掴めるようになっている。見れば、ＲＰＧをプレイしたことのある人は、にやりとしてしまうだろう。ドラクエやＦＦなどの王道ファンタジーで登場する職業が多く登場し、解説内では、二〇〇四年にTYPE-MOONから発売された伝奇活劇ビジュアルノベル『Fate/stay night』に登場する英霊エミヤが詠唱する魔術の一部「血潮は鉄で心は硝子。その体は、きっと剣でできていた。」のパロディ、「血潮はビールで、心はパン。その体は、きっと麦でできていた。」という粉ひきに関する解説が印象的である。この魔術詠唱は特徴的であるため、Ｆａｔｅシリーズのファンであればすぐにピンとくるだろう。また特定の作品名が登場していたり、分かる人には分かる仕様となっているのがうれしいのだ。

そして右のページにその職業の、さらに詳しい説明が絵付きで記載されている。取り上げる職業数は、なんと一〇〇を超えている。

右ページにおける最もお気に入りの説明は、写本師である。当時の写本についての詳しい背景や、写本師としての仕事が書かれている。写本師は好き勝手に挿絵を挟む権利を持っていたようで、しかも本文とは全く関係のない、騎士の首をはねるウサギや何の脈略もなく挟まれる人面鶏など、カオスな挿絵ばかりであるという。その説明を読んだ時は思わず、くすりと笑ってしまった。そのような権限を持っていたことが意外であったし、そんなカオスな写本が現代に残されているという点でも面白いからだ。

本書を読み終わった後、圧倒的な熱量にしばらく呆然としてしまった。それほどまでに、この本には中世ヨーロッパやその頃に実在していた職業に対する愛情がこもっていたのだ。文章も絵も一人で仕上げるとなると、途方も無い労力と時間、気力が必要である。最後に記載されている膨大な参考文献からも、その一端を垣間見ることができる。

しかし文面やあとがきからは、著者が非常に楽しみながら原稿に取り組んでいた様子が見て取れる。元々、本書は同人誌として自費出版されたものを、商業誌として読みやすく加筆修正したものであり、元を辿れば中世ヨーロッパの虜になった人物が、自費出版してでも作り上げたかった作品と言い換えることができる。私も趣味で同人誌を書いているため、その楽しさは十二分に理解している。でも同時に辛さもあり、自分との戦いであることも知っているからこそ、本書を読了した後、放心状態となってしまった。

RPGが好きな方や中世ヨーロッパに心惹かれる方は、是非とも作者の熱量を、実際に読んで感じてほしい。

著者より

拙著に対する過分な評価、有り難い限りです。

著者である私は情報系の大学に進んだため、学問として世界史を学んだのは高校まで。本書は、そんな趣味で中世の本を読んでる程度のアマチュアが精一杯背伸びして書いた作品と申せましょう。一方で、若き皆様は私のケースと比べて時代・環境・年齢など様々な点において歴史を学ぶのに有利な立場にあります。そんな可能性に満ちた皆様に歴史を知る楽しさの一端をお伝えできたのであれば、著者としてこれ以上の喜びはありません。

そしてもし皆様が中世欧州を学ぶ道を歩み始めると、すぐに気づくことでしょう。「ハロワ、偉そうな割に浅いことしか語ってねえな」と。そんな口煩い若き中世好きが増える日を楽しみにしております。

（グレゴリウス山田）

書評した本　　　　書評した人

『解説　百人一首』

橋本 武著

文庫判・336頁・1210円
筑摩書房
978-4-480-09640-1

吉田 悠汰
よしだ ゆうた

二松学舎大学文学部
国文学科１年

フォークソングや歌謡曲などの昭和の歌は万葉から中世までの和歌、近世からの俳句、明治期の唱歌から影響を受けているものが多く、大和言葉を重んじている点で関心があります。

尾崎豊の名曲『15の夜』には退屈な授業は俺たちの全てではないという、ある日の若者たちの高らかな宣言がある。この精神が好きだ。実際に盗んだバイクで走り出したりはしないけれど。

著者の橋本武の授業は受けたことがないから「退屈な授業」なのかは知らない。ただし彼が書いた本書は、百人一首の非常に優秀な教科書だ。

本文や詞書、出典だけでなく、品詞分解や現代語訳が充実し、難解な表現には説明をつけ、彼の十八番とされる興味深い脱線もある。たとえば藤原公任の拾遺集収録の和歌「滝の音はたえて久しくなりぬれど名こそ流れてなほ聞こえけれ」について和歌の舞台である大覚寺の概論や公任の和歌が基になってこの旧跡に「名古曾の滝」の名がついたという話を紹介している。また公任の和歌に対する姿勢や傾向を指摘したうえで、余禄では公任の概要や大鏡に収録された公任の逸話を簡潔に説明している。また、百人一首の選者である藤原定家の和歌「こぬ人をまつほの浦の夕なぎにやくやもしほの身もこがれつつ」については、実はこの和歌が昔の和歌を引用した「本歌取り」の技法を用いた歌であることを解説し、万葉集収録の本歌を併置することで読者が読み比べることを可能にしている。二つの歌の詠み味の違い、なぜ定家が再び同じ内容の歌を詠みなおしたのか、なぜそれを自らの一首として百人一首に選定したのかを明快に解き明かす。

さすが伝説の灘高国語教師といった感じがする。読んでいて飽きないし、常に知的好奇心をくすぐられる、立派な教科書である。

尾崎豊の話のあとにわざわざ「教科書」と形容したのはわかりやすい皮肉であるが、僕はあくまでこの本を薦めたい。それは、橋本武の中にも尾崎がいるのではないかと思うからだ。その根拠は、百人一首の全ての和歌に一枚ずつ挿入された計百枚のイラストである。

そのイラストの作者は、マンガちゃんという愛称をもった漫画家、永井文明である。彼は灘中灘高、京都大学法学部を卒業したインテリであり、また神戸・水俣病を告発する会やラミ中建設運動などの社会運動にも積極的に参加した活動家であった。

ちなみに橋本武も現筑波大の東京高等師範学校を卒業したインテリであり、橋本武、マンガちゃんともに、校舎裏でタバコをふかしたりはしなかったろう。

しかし、そんな彼の描くイラストはコミカルながら人間の核心や本性を暴くような皮肉っぽさがある。また、体制に対する反骨があり、良いところも嫌なところも隠さないから、情感溢れる人間くささがある。絵柄もどことなくフォークソングを彷彿とさせる。特徴からしてまったく教科書らしくないイラストである。

橋本武はこのイラストを、自分の和歌のイメージからさらに飛躍していて、手の届かないところにあると評し、古典の現代的解釈であるとしている。

そんなイラストが掲載されたこの本は、『15の夜』の「落書きの教科書」そのものである。

橋本武によるマンガちゃんの人選は、本作りに際しての、「落書きの教科書」的意識の現れだと思う。橋本武のきっちりとした真面目さと、マンガちゃんの軽妙な筆使いがこの本のバランスを保って、読者層を大幅に広げているのではないか。

授業や教科書、入門書は何かをわからせるためにある。ただこの本に関してだけは、「和歌なんてワカランなぁ」というふうに読み進めるのでも、僕は良いと思う。あの夜は、ちっぽけで意味のない、無力な夜ではないのだから。（永井文明絵）

編集者より

橋本武のなかに尾崎豊の存在を見る吉田さんの書評は、意表を突くものです。存命であれば、著者もニヤリとするのではないでしょうか。それだけでなく、本書の特長を実にうまく捉えてくださっています。多感な時期、名歌の数々についてこれほど面白い授業をされたら、古文に目覚める生徒さんもたくさん出ることでしょう。学ぶことの楽しさを知ることのできるまたとない入門書です。

（筑摩書房　ちくま学芸文庫編集部
北村善洋）

書評した本

『正　欲』

朝井 リョウ著

四六判・382頁・1870円
新潮社
978-4-10-333063-9

書評した人

川田《かわた》 愛珠《まなみ》

神戸海星女子学院大学1年

アート×まちづくりに関心があります。休みの日は、デザイン本を読むか、海外文学の勉強をしています。

多様性という言葉は、自分がどのくらいの視野で世界を見つめているのかを測る一つの指標になるのだと、本書は教えてくれる。そして私は多様性を何て狭義に捉えてきたのかと、今までの安易な考えを恥じた。

物語は連作形式になっており、平成から元号が変わろうとする時期に、時代のアップデートが叫ばれる最中、多様性について思いを巡らす五人の視点で構成されている。それは己の正義感を妻子に押し付ける検察官だったり、自分を受け入れる世界は無いと、心を閉ざす男子大学生だったり……。どの登場人物も互いの正義感や価値観をかざし、万事解決とはいかない。歩み寄り、受け入れようとする姿勢が、時として人を深く傷つけてしまう事実を読者は思い知らされるのである。

ここから、私が一番印象に残った話を綴ろうと思う。神戸八重子が通う大学では、ミスコンが学園祭の目玉となっていた。だが、実行委員である八重子は容姿で序列をつけることはこれからの時代にふさわしくないと考えだす。そして性的搾取に繋がるのでは、とも。女性に向けられる性的な目線に嫌悪感を抱く彼女。その思いは、日々増していく。交渉の結果、ミスコン廃止、初のダイバーシティフェス開催が決定したとき、彼女は会心の笑みを浮かべたに違いない。自身の男性へのトラウマを昇華する意味も込めて、ダイバーシティフェス、つまり

「多様性を称える祝祭の場」を創り出した。

知らないことは、その事象が世界に存在しないと同義である。八重子は、同級生の諸橋大也のことを理解しているつもりが、無自覚にも自らの創造する都合の良いカテゴリーの中に、彼を押し込んでいる。二人の関係は、学園祭実行委員と、ステージの出演者。彼の所属するダンス部「スペード」はダイバーシティフェスへの出演依頼を受け、彼女と出会うことになる。ただ八重子は、大也が自らの意思ではなくミスコンに出場させられたときから、自分がトラウマを抱えて以降、唯一怖くないと思えた相手だと好意を寄せていた。一方の大也は、多様性を認め合う大切さを説く彼女に嫌悪感を抱く。自分のことをマイノリティにすら入らない存在と自覚していたからだ。多様性とは、マジョリティから見たものでしかない、と。だが何も知らない彼女は、彼にも乗り越えるべきトラウマがあると思い違いをしていた。同志として共に戦える存在だと信じていたのだ。

それから一年経ち、偶然にも同じゼミに配属された二人は再会を果たす。幾度か会話を交わすが、自分を受け入れる世界は無いと思う彼は、彼女が放つ一点の曇りもない無邪気な善意に嫌気が増す。ラストでは、多様性は幸せを意味すると一貫して主張する彼女に、ついに怒りを露にする。「お前らが想像すらできないような人間はこの世界にいっぱいいる」と。自分の持つアイデンティティが周囲とは違うと疎外感を覚える彼と、自分もトラウマがあり、その悩みに寄り添えるはずだと思い込む彼女。八重子の行動が功を成したのか、是非本文で確かめてほしい。

確かに多様性には、互いに支え合い認め合うといったイメージがある。しかしそう思う人こそ本書を読むことをお勧めする。本当の多様性とはいかに胸が詰まるかを、示唆してくれることだろう。

編集者より

全ての優れた作品がそうであるように、『正欲』は何か一つの解答や読み方が決まった作品ではありませんが、川田さんは多様性という言葉に改めて向き合い、ご自身にとって身近であろう大学生・八重子と大也のやりとりに着目してくださいました。ここからは、共感できるところから深堀して、普遍的で忘れられない学びへと変えていく姿勢を感じます。川田さんにとってこの本が物語の内容以上に深く響いてくれたことを嬉しく思います。

（新潮社　文庫編集部　佐々木遥）

書評した本　　書評した人

『同志少女よ、敵を撃て』

逢坂 冬馬著

四六判・492頁・2090円
早川書房
978-4-15-210064-1

福留 舞
ふくどめ まい

二松学舎大学文学部
国文学科３年

推しの二次創作を書くことが生きがい。お酒のおいしさが少し分かるようになってきた。

本作は逢坂冬馬のデビュー作であり、「２０２２年本屋大賞」を受賞した作品である。時代は独ソ戦が激化した一九四二年。ソ連のモスクワ近郊の農村に暮らすセラフィマという少女は外交官を目指しており、ソ連とドイツの橋渡しとなることを夢見ていた。しかしある日、村を襲ったドイツ軍によって村人は惨殺され、セラフィマはドイツ人狙撃手により目の前で母親を射殺された。自身も殺されそうになったとき、ソ連軍の狙撃手であるイリーナに救われる。そこでセラフィマは、イリーナから「戦いたいか、死にたいか」と問われる。セラフィマは、母親を撃ったドイツ人狙撃手、そして、母親の遺体を焼き払い、「死者に尊厳はない」と侮辱したイリーナを「殺す」と答え、イリーナが教官を務める訓練学校で狙撃手を目指すことを決意する。

本作を購入した当初は、歴史背景の丹念な調査による緻密なストーリー構成が評価された作品なのだろう、と予想していた。実際、著者は本作を執筆するにあたり、資料集めだけで半年の時間を費やしたと聞く。そうしたこともあり、表紙を開いたときは、歴史の教科書を読み始めるような気持ちだった。てっきり、当時の史実が数ページに渡って解説されているのだろうと思っていた。しかし、一文目から主人公セラフィマの物語が始まっていた。まるで、頭の中に映画館が建てられたような気持ちだった。セラフィマたちの声や銃声が聞こえるような気がしたし、土煙や崩れ落ちる兵士が見えるような気がした。

「スコープを覗き、そこを狙った。しかしその瞬間、眼前から凄まじい熱波が吹き付けた。「うっ」危険を察知し、反射的に伏せた。そして顔を上げたとき、目の前に地獄があった」

一文が短く、読んでいてリズムがいい。このテンポの良さも手伝って、一気に読み通した。

「自分が怪物に近づいてゆくという実感が確かにあった。しかし、怪物でなければこの戦いを生き延びることはできないのだ。（略）悪夢にうなされる自分でありたかった」

戦いに染まっていくセラフィマがとても悲しく、見ていてとても苦しいのに、読むのをやめられなかった。

読み終わった直後はとても疲労していた。その日は大学を休もうかと思ったほどだった。本作の重要なテーマの一つであるセラフィマの復讐。母親を射殺したドイツ人狙撃手はともかく、同じく復讐の対象であると同時に狙撃の師であるイリーナに対して、セラフィマはある種の絆を抱くようになる。それは作中で明言されていない。しかし、心の中でイリーナを「鬼畜」と呼ぶことはあっても、重ねられたイリーナの手を「温かい」と感じるなど、セラフィマ自身も無意識に、イリーナに徐々に信頼を寄せていく様が随所にある。その姿を見る度、「本当にイリーナを殺すのか？」とドキドキした。

最終章で、イリーナへの気持ちを自覚した直後、セラフィマは「私を撃て」と言われる。作中最も緊迫する場面である。セラフィマの復讐、そしてその後の人生がどうなるのか、ぜひ本作を読んで確かめてほしい。また、セラフィマの同期で女性狙撃小隊の狙撃手たちにも注目してほしい。一人残らず魅力的で、いわゆる「推し」が見つかるかもしれない。

著者より

作品の情景を読み手が追体験できるような、臨場感に満ちた文章をつくりたい、ということは本作執筆中の課題の一つでした。その部分を的確に読み取ってくださった書評に対して感謝いたします。

また、テーマの根幹部分についても洞察が深く、作者冥利に尽きる書評でした。

なお推しキャラの二次創作がご趣味とのことですが、気が向いたら私の作品でやっていただいてもまったく問題ございません。

（逢坂冬馬）

週刊読書人 2022年11月25日号掲載

書評した本　　　　書評した人

『檸檬先生』

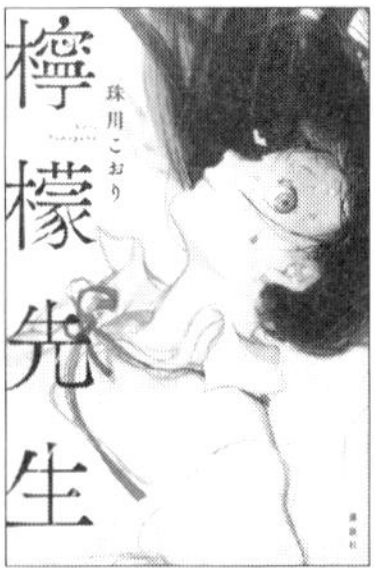

珠川 こおり著

四六判・258頁・1485円
講談社
978-4-06-522829-6

渡辺 楓
わたなべ かえで

二松学舎大学文学部1年

最近は作曲に没頭している。音楽にハマったのは、くるりの「ブレーメン」がきっかけ。曲の素晴らしさに衝撃を受け、自分の音楽に対するハードルがぐんと上がった。

感想は山ほど頭に浮かぶのに、言葉にしようとすると難しくなる。悲しい、悔しい、といったシンプルな感情表現では決して表すことのできない気持ちが筆者を襲った。『檸檬先生』は自分の中にある様々な疑問と正面から向き合う力をくれる。なぜなら、「少年」と呼ばれる一人の人間が、檸檬先生と出会い、「特別」から「普通」へと変化していく、その人生の中でぶつかる沢山の「悩み」が、モノクロで描かれる「色」を通して生々しく表現されているからだ。

本書は、小中一貫校に通う小学三年生の「少年」に、中学部に通う少女――「檸檬先生」との出会いをきっかけに起こる変化を描いている。二人の変わり者は周りの環境に振り回されながらも時間を共にし、お互いに影響を与え合いながら様々な経験を重ねてゆく。「共感覚」の持ち主である二人は、お互いに分かりあえる部分があった。少年は檸檬色に輝く瞳をもった少女を「檸檬先生」と呼び、見たもの聞いたものが色として見えることの、唯一の理解者であり教育者と言える存在を通して、「普通」を覚えてゆく。二人は育った環境も年齢も全く異なるが、共感覚という一本の糸で繋がっていた。しかし、その糸は時間の経過とともに細く、脆くなってゆく。

「意味のある奴には色がある。私は透明なんだよ」

「そんなことない」

「そんなもんなの」

「でも先生は、きれいな檸檬色をしてるじゃんか」

「あのね。全部が共感覚で片付くと思うなよ」

先生の発した「透明」という表現。それを何とかして否定したい少年。この短い会話からも二人の言葉にならない関係性がうかがえる。中学三年生にしてすでに自分の人生を達観している先生のやるせない気持ちと、ひたすら真っ直ぐに先生を見つめる少年の視線が交錯し、すれ違うさまを見るのは読者としては苦行に他ならない。しかし、結局最後まで目が離せないのは言うまでもない。

少年が変わり者と評される理由には共感覚ともうひとつ、変わった家庭環境がある。画家で、しょっちゅう家を飛び出しては世界を飛び回っている父と、そんな父に愛想をつかしながらも家庭のために一日中働いて少年を養っている母。そんな二人の気持ちを子供ながらに何となく察している少年は母との食事の中でも、上手く言葉を紡ぐことができないでいた。

先生と少年が文化祭のために共同制作した共感覚アートは、やはり個性の塊だった。そこに商品性はなく、二人の表現したい世界観を放出したに過ぎなかった。共感してほしいなどという思いは微塵もないからこその産物である。共感覚を使って色を重ねていく非現実的なアートに、少年による、共感覚と作品についてのプレゼンが加わる。その二つがあって初めて彼らの芸術は完成した。自らの特性を生かし、芸術に昇華させた二人だが、先生はいったい、どんな結果を望んでいたのだろうか。

数年後、少年は先生と再会する。思わぬ形での再会となったが、少年はそこで気付く。先生は変わってしまったのか、いや、自分が変わってしまったのか。

「世界が、色づいている」

「ねぇ少年、この世界はモノクロだよ」

二人を繋いでいた糸が切れる音が、読者一人一人の頭の中でどのように響くのか、とても気になった。

週刊読書人 2022年12月2日号掲載

書評した本　　書評した人

『きらめきを落としても』

鯨井 あめ著

四六変・272頁・1595円
講談社
978-4-06-528283-0

池田 紗良《いけだ さら》

大阪国際大学人間科学部3年

読書と写真と音楽が好きです。最近のマイブームは音楽を聴きながら散歩をして写真を撮ることです。

誰かの心が動く瞬間が好きだ。この本に出てくる登場人物は不器用で臆病な人が多い気がするが、そんな人にも能動的になろうと思うぐらいに、心が動く瞬間がある。この本は六つの短編で、そのような瞬間を切り取っている。

六話の中で特に印象深かったのは、二話目の「上映が始まる」である。大学院入試を控えるも勉強に身が入らない綿田彗は、隣町の科学館でプラネタリウム解説員のアルバイトをしているという女性と、ペルセウス座流星群の日に、たまたま河川敷で出会う。勉強の息抜きに来た綿田と、姉のプロポーズの成功を願いに来た女性は、宇宙や星座の話で盛り上がる。

翌日も勉強に身が入らない綿田は、ミネラルウォーターを落としたことに気がつき河川敷に行くと、スマートフォンを発見する。着信があり電話に出ると、それは昨日出会った女性からだった。「スマートフォンを落としたから駅前まで届けてほしい」と頼まれ、待ち合わせ場所に行くと、スマートフォンの持ち主――小梅りりはひときわ目立っていた。彼女は、右手に白杖を持っていたのだ。

小梅の誘いで科学館のプラネタリウム見学に行った綿田は、全盲の彼女がＳｉｒｉの音声機能や読み上げ機能を使い、プラネタリウム解説をしていることを知る。努力しながら自分にできることを開拓していく姿から刺激を受け、天文学に憧れていた気持ちを取り戻す。

この話の好きなところは、偶然の出会いから相手の見えない努力や思いを知り、それまでの人生の軌跡に触れて、自分自身の「憧れ」や「好き」を取り戻していくところだ。「きらめき」は、人によって違うだろう。素直な気持ちであったり、憧れであったり、情熱であったり、あるいは悩みや痛みかもしれない。しかし、ちょっとした偶然で、人は変わることができる。きらめきを落としたとしても、また拾えばいい。本当にきらめくものとは、自分の中に変わらずずっとあり、消えないのだと思った。

ほかにも、本心からお互いを見つめ直すようになる「ブラックコーヒーを好きになるまで」や、六月六日をタイムリープする「主人公ではない」、イヤリングを落とした女の子に一目ぼれし、再会するまでを描いた「ボーイ・ミーツ・ガール・アゲイン」、自分を不燃物だと思っているのに突出したヴァイオリンの才能を持つ主人公が、バイト先のBGMをめぐりヴァイオリンに燃えていく「燃」、文芸サークルに入るも小説を書かない主人公と、久しぶりに出会った大手文芸サークル所属のヒロインが「言わなかったこと」をこじらせる話が収録されている。

ほか五編の中でも心に残っているのは、「燃」のラストシーンだ。最後に主人公が、バイト先のBGMをヴァイオリンで弾くのだが、店長の思いに触れ、主人公の心が動く瞬間は、何度読んでも感動する。特に最後の一行に、タイトル「燃」の意味がつまっている気がする。

どの話も、希望を感じられ、前向きになれる終わり方が、暖かい気持ちにさせてくれ、自分の大切なものへの向き合い方を思い出させてくれる短編集であった。

著者より

素敵な書評をありがとうございます。心の動きを具に感じ取ってくださったことが伝わってきました。自著に書評を戴けたことは即ち、作品から読み取った物事を、読者が自らの言葉で文字に起こしてくれたことを意味します。これは大変喜ばしいことであり、書き手冥利に尽きることです。

『きらめきを落としても』は、ドロップ缶をイメージしました。短編は六つの飴玉です。またいつか、掌にコロンと取り出していただけたら嬉しいです。


（鯨井あめ）

書評した本　　書評した人

『異常論文』

樋口 恭介編

文庫判・687 頁・1364 円
早川書房
978-4-15-031500-9

中村 愛花
なかむら あいか

大阪国際大学人間科学部２年

最近のイチオシ本は『妖怪アパートの幽雅な日常』です。

本書の発売当時、Twitter のタイムラインがにぎわっていた。特殊な趣向と二五人の豪華な参加作家にワクワクしていた。しかし、内容が難しそう！　発売から約九か月、ようやく読書に取り掛かった……。

〈異常論文〉は「一言で言えば、虚構と現実を混交することで、虚構を現実化させ、現実を虚構化させる、絶えざる思弁の運動体だと定義される」と巻頭言にあるように、論文と名乗りながらも、小説的な作品も含んでいる。

草野原々の「世界の真理を表す五枚のスライドとその解説、および注釈」は「『空洞地球＝多重凍結世界』仮説」と書かれた奇妙なスライドから始まる。読み進めると、荒唐無稽だと思っていたスライドが実は至極真っ当なものであり、異常なのはこの論文を書いた語り手のいる世界である、ということが徐々に明らかになっていく。

飛浩隆の「第一四五九五期〈異常ＳＦ創作講座〉最終課題講評」の舞台は、未知の生物〈緑輝鉱虫〉の突然の大量発生によって人間が時空と物質を意のままに創り、あやつり、消去さえできる、神にも等しい万能性と不死性を得た世界だ。そこでは「文芸」の定義が根本から変容している。応募作品の「形態」も、ハンカチ、共食いする魚が泳ぐ水槽、オペラ劇場などさまざまである。そんなＳＦ作品を紹介、講評する本作では、圧巻の筆致と読みごたえのあるアイデアに圧倒される。文章が異常なのか、読者である我々のほうが異常なのか、そもそも世界が異常でないと言い切れるのか、と問いかけることで無限のメタ次元が連想され、読み終わると現実に複数のフィルターがかかったように見えてくる。

そんな難解だけれど引き込まれる論文の中でも、真っ先に気になった作品を紹介したい。小川哲の「SF作家の倒し方」だ。まじめな文章で非常にふざけている。

小川さんによるとSF作家には二種類いる。SFの力を使って世界を良くするSF作家と、SFの力を使って日本を裏から支配する裏SF作家である。SF作家たちは、デビューすると飯田橋のホテルにてどちらになるか選択を迫られるそうだ。そして小川さんはもちろんSF作家――光の戦士を希望した。小川さんは同志たちとともに、来たる最終決戦に備えるため、敵である裏SF作家の倒し方を共有する目的でこの文章を書いたのだ。

本作でははじめに、裏SF作家に効果がある汎用性の高い倒し方を、次に具体的な裏SF作家の名前を挙げて、細かな対策を解説する。汎用性の高い倒し方は、たとえばニセ科学を吹聴することだ。SF作家には科学へのリスペクトがあるため、根拠のないニセ科学を囁くことで精神的に疲労させる作戦だ。文章の技巧で戦うなどではなく、精神的、物理的、間接的な攻撃なんでもあり。勝つためには手段を選ばないようだ。

具体的に倒し方が書かれている裏SF作家は柴田勝家、樋口恭介、高山羽根子、宮内悠介、飛浩隆の五人だ。一人一人について弱点が書かれており、小川さん自身が彼らに対峙したときのエピソードには、おなかが痛くなるまで大笑いした。相手についてよく知っていなければこんなふうに書けないだろう。彼らに対する小川さんの愛を感じる作品である。特に飛浩隆さんの倒し方には、敬愛が滲みでていた。

「SF作家の倒し方」はSFを嫌いになりかけていた気持ちをほぐしてくれた作品だ。大学受験が本格化した頃から、賢くならねばという焦りで難しいSF小説ばかり読んでいた。少し無理をしていた。そんな中で小川さんは、私が恐れ多いと感じていたSF作家をいじり、そのコミカルな様子に肩の力が抜けたのだ。

本書にはライトな作品から読みごたえのあるものまで、さまざま収録されている。「異常論文」とはなにか?に対する各作家のアンサーを確かめてみてほしい。

編者より

白状すると、異常論文は何よりもまず、僕自身が読みたかった本であり、読者のことは作っているあいだも、作り終えたときも、みじんも意識していなかった。だから、このように書評が書かれているという事態そのものに、非常な驚きを感じてしまう。本は、そういう風に、著者と読者は互いにまったく知らない関係にもかかわらず、否応なくつながってしまうということがおもしろいと感じる。これからも勝手に本を作るので、勝手に読んでいただきたいと思う。そう言えることが、とてもありがたいことだと思う。

（樋口恭介）

書評した本　　　　書評した人

『R帝国』

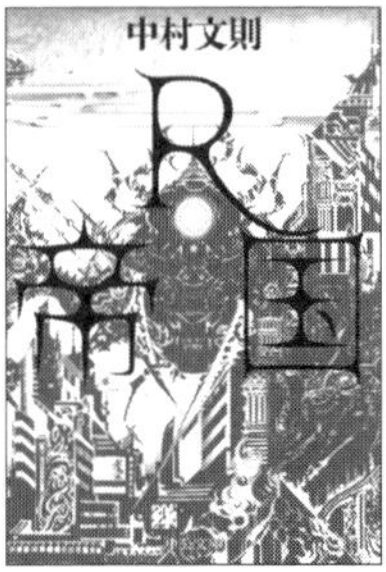

中村 文則著

文庫判・384頁・792円
中央公論新社
978-4-12-206883-4

高瀬 皓太《たかせ こうた》

帝京大学文学部
社会学科2年

読書推進活動とカプセルトイ布教の二足のわらじを履く。好きな食べ物はりんごと芋けんぴ。

今からそう遠くない未来の、島国・R帝国。国の政治は与党の国家党、通称〝党〟が支配していた。人々は生活の大半を人工知能搭載の携帯電話HP（ヒューマン・フォン）とともにしていた。そこで暮らす矢崎の日常は、突如落下したミサイルにより急変する。隣国との戦争が始まったのだ。

　隣国の兵器と地上部隊が、いつもなら連なる建物で見えないはずの空を赤く染めた。激しい戦火の中で矢崎はとうとう敵兵に殺される、はずであった。すんでのところで敵国の女性兵士に助けられたのだ。彼女の名前はアルファ。互いの過去や考えを交わすことで、人種も立場も信じるものも異なる二人は距離を縮めていく。しかしアルファは高熱で倒れた末、矢崎を庇って死に近づいていく。二人は特別な感情と、この戦争へのかすかな違和感を覚えることになる。アルファたち敵国人種だけに効くウイルス、奇妙なまでに消極的で無差別なR政府の防衛……。アルファは言う。「我々の上部とR政府は繋がってる」

　国内で絶大な権力を持つ〝党〟。暗躍する反政府組織「L」。世界の「真実」を握るのは誰か。矢崎たち登場人物は各々の運命に抵抗する。それぞれの思惑を前に命が駆け回る。

　著者の中村文則さんは人間の内面の描写が巧みで、筆者は過去の著作においても常に、その「現実味」に驚かされてきた。人間は醜い――。醜く生きる。自分さえ無事ならば、他人の犠牲など見もしない。しかし不本意にも、その醜さに共感することで、自分も「人間」なのだと強く自覚させられる。記憶や体験を甦らせてしまう程、中村さんの作品には、フィクションとノンフィクションの狭間のリアルを感じる。

本書の中で特に印象的だったのは、R帝国の人々の様子だ。ある男は事実なんてものは無価値だ、と熱に任せて匿名掲示板に書き込んだ。小学生の子を持つ母は、問題を問題視しない生き抜き方を選んだ。自分たちが支配されていると気づかないまま、あるいは気づかないふりをして支配されていた。一見悪くない暮らしだが、フェイクニュースや移民への差別が飛び交う。筆者は現実の世界との重なりを覚えた。穏やかでない社会情勢、時代にそぐわないヒト、モノの炙り出し。信じたくはないが、本書に描かれたディストピアは、我々の生きる現実世界の先に待っているのかもしれない。

本書を読んだ数日後の話だ。駅前で貧困支援の募金活動が呼びかけられていた。胸がざわつくものの、思わず目をそらす。SNSを開く。数秒前のざわつきの感覚は、画面をスクロールするように簡単に忘れる。

「人々が欲しいのは、真実ではなく半径5メートルの幸福なのだ」

〝党〟の幹部の言葉だ。「L」の抵抗が身を結び、〝党〟にとって都合の悪い真実が、R帝国中にバラまかれた。にもかかわらず、人々は信じなかった。〝党〟がまたどうにかしてくれる、と信じたかった。

しょうがないじゃないか。考えることは面倒だ。どうせ何も変わらない——そんなことを心に浮かべた筆者は、器用に体裁を保つ〝党〟を、心の中に無意識に生み出していたのかもしれないと、気づかされた。

他人との繋がりが希薄で、生きにくさを感じる人が多いと言われる現代社会では、作中の人々の諦観の生き方に、共感する人も多いのではないだろうか。主人公たちのように、自己犠牲にも思える行動をとれる人間はきっと少ない。それでも彼らの生き様に触れてほしい。いつか、彼らの行動が自己犠牲ではなく「抵抗」なのだと理解し、さらには自らの肌で感じられるように。今を生きる多くの人に読んでほしい。

編集者より

この文章を書いている二〇二三年末、朝起きると毎日のように戦争のニュースが流れています。現実世界は『R帝国』の世界に日を追うごとに近づいており、いずれは誰もこのニュースに心を痛めることもなくなるのではと怯えています。だからこそ高瀬さんの「今を生きる多くの人に読んでほしい」という言葉に、強く強く共感します。人々が諦観に飲み込まれ、世界がこれ以上ひどくなる前に、本書がたくさんの方に届きますように。

（中央公論新社　文芸編集部　金森航平）

書評した本

『夜と霧』

ヴィクトール・E・フランクル著

四六判・184頁・1650円
みすず書房
978-4-622-03970-9

書評した人

須磨 千草
すま ちぐさ

金沢大学医薬保健学域
医学類2年

医学と国際協力に関心を持っており、スリランカの教育支援に力を入れている。趣味は読書、ワインなど。

第二次世界大戦中にヒットラー率いるナチス・ドイツが、ユダヤ人を対象として大量虐殺を行なっていたことは周知の事実である。これらの様子は『アンネの日記』や「ライフ・イズ・ビューティフル」などにも鮮明に描かれており、ホロコーストが如何に恐ろしいものであったのかを多くの人の頭に焼き付けたことだろう。本書は、収監されていた人々がその事実を受け止めるまでの心の変化の過程を、囚人として収監された著者自身が心理学的な視点から分析したものであり、著者自身の収監生活の体験記である。

ナチス・ドイツは「身体を打ちこわせ、精神を打ち破れ、心を打ち破れ」を標榜し、様々な手法を持ってユダヤの人々を苦しめた。収監された人々は、亡くなった人の肉を食す衝動に駆られるほど、満足な食糧も与えられないまま労働力として使われるほか、強制的に「何ら医学的、あるいは科学的にも重要なものではなかった」人体実験の被験者にされた。収容所の病院にあった薬は闇市に流され、適切な治療は受けられない者の方が圧倒的に多く、とても衛生的とは呼べない収容所での生活の中で、感染症にかかって命を落とす者もいたという。

このようなまさに生き地獄の状態に置かれた人々は、三つの段階を経て順応していく。まず、収容所に到着した人々は第一段階である「収容ショック」の段階に入る。ただこの後すぐ「恩赦妄想」という、根拠はないものの、何故か自分だけは助かるのではないかという妄想に駆られる。そしてその数日後、収容所生活の酷い現実を体験し、喜怒哀楽を感じない「原始的な衝動性」、「無感動」の第二段階に突入する。これをフランクルは「必要な心の防衛」であると説明している。さらに本当に運よく収容所から解放されても、収容者たちは自由になったことが信じられず「離人症」（現実感がなく現実を客観的に見ている感覚に陥ること）の段階に入り、抑圧から一気に解放されたことによる反動に再び苦しむこととなる。

彼はまた、収容者は皆一様に、常に死と向かい合わせであり、同じように、いつ収容所生活が終わるともわからない状況にあるにも関わらず、自分を保つことが出来る人と、保つことが出来ない人がいることを発見した。それは、如何に「精神的に崩壊しないか」の違いだが、未来や生きる目的、あるいは愛のような「内面的な拠り所」を持つことが出来るかにかかっているという。たとえばフランクル自身は、辛い労働生活の最中に愛する妻を思い浮かべて、自分を励まし続けたほか、収容所内では信じ難いことに芸術やユーモアなども「内面的な拠り所」として大きな役割を果たしていた。

現代では、ホロコーストに遭う場面はないと信じたいが、こうしたフランクルの気づきは、いじめや、あらゆる事件によるＰＴＳＤなどに苦しむ人々にも、有効な分析結果と言えるのではないか。

ところで『夜と霧』は、二〇〇二年に新訳版も出版されている。こちらは旧版と比較して、文字が大きく語り口が柔らかで、心理的変化の段階を明確に区別しているため、読みやすい印象を与える。しかし、旧版には存在した実際の収容所の様子を保存した「写真と図版」がなく、またホロコーストを理解する上で欠かせない七〇ページにも及ぶ解説が、かなり圧縮されてしまっている。子どもや入門向けとしては新版が、より深くホロコーストを理解するためには、旧版が必読書であると考える。（新版：池田香代子訳、旧版：霜山徳爾訳）

編集者より

フランクルは本書の著者名を囚人番号「119104 番」として刊行したいと望んでいた。希望は叶わなかったが、本書をよく読めばわかるように、この本には特定の場所の名や人名はほぼ記されておらず、時間軸もわからないように構成されている。収容所体験で一人の心理学者が考えた魂の記録であろうとしたのである。他のホロコースト書とはひと味違う、人間とは何かを描いた本書は、二〇〇二年の新訳刊行から五〇万部以上の読者に届いている。

（みすず書房　担当編集者　守田省吾）

書評した本

『孤島の飛来人』

山野辺 太郎著

四六判・200 頁・1760 円
中央公論新社
978-4-12-005563-8

書評した人

新荘 直大
しんじょう なおひろ

東京大学大学院
人文社会研究科修士２年

専門は、フランス近現代文学、とりわけジュリアン・グラック。フランス文学における都市空間の表象や環境人文学に興味をもっている。

無人島あるいは孤島は、文学的想像力の行き着く先でありつづけてきた。デフォー『ロビンソン・クルーソー』（一七一九）を筆頭に、現代に至ってもミシェル・トゥルニエや、ウンベルト・エーコ、パトリック・シャモワゾーといった作家たちを惹きつけ、その作品群は「無人島小説」の系譜をなしている。海を渡る大冒険の末、孤島にたどりつき、島民に捕らえられながら、交流を果たす。この筋書きを見るに、本書は、現代日本にあらわれた無人島小説と言えるかもしれない。しかし、『孤島の飛来人』では、舞台を九〇年代の日本、そして北硫黄島に設定するなかで、西洋の無人島小説の典型が、微妙に変質させられていく。

語り手「僕」の勤務先は、経営危機からフランスの自動車会社の傘下に入ることが濃厚だ。「僕」のいる研究チームは、自らの存在価値をアピールすべく、勇み足で風船飛行に挑む。大役を担う「僕」は、六つの巨大な風船を背に、ビルの屋上から飛び立つが、上空で世界との一体感を感じたのも束の間、孤独と絶望に襲われる。その不安をなぞるように風船が割れ、降り立ったのは、目標の小笠原諸島・父島から大きく離れた無人島・北硫黄島だった。しかも、いないはずの島民に囲まれ、「僕」

は牢に捕らえられてしまう。

　孤島への漂着と、原地住民との邂逅。ここまでとっても、現代日本版ロビンソン物語という感じだが、竹槍ならぬトウキビ槍を携えて「僕」を捕らえる島民は、異邦の「未開人」では決してない。「僕」が彼らと交流し、それを記録するなかで、現在・過去の島民たちは、忘れ去られゆく日本の歴史の証人として立ち現れる。彼らは、日本の「内部」と「外部」のはざまで、硫黄島が経験した激戦の記憶とその島の歴史を語り始める。

　本書がとりわけ興味深いのは、「書く」ことへの鋭い意識と、その相互性である。囚人となった「僕」は、牢のなかで業務日誌と称して看守の半生を記録していくが、実は看守の大木は漂着した日本人で、「僕」の先代の囚人だった。島の外部から来たはずの看守は、伝え聞いた歴史を「僕」に語り伝え、「僕」はそれを書き留めていく。そして、物語を読み進めていくと、意外な形で「僕」もその役割を引き継いでいき、さらに次の世代へと……。島の外部や内部、書くものと書かれるものといった対立は、脱構築され、たがいに循環していく。忘却に抗うように、伝え、書き残そうとする「僕」の業務日誌は、本書『孤島の飛来人』そのものと重なりあうかのようである。そのことによって、読者さえも相互性の一部となり、歴史の内部と外部のあわいで、慎ましく生きながらも、忘れ去られることに抵抗する彼らの証人のひとりとなるだろう。本書を読み、語ることは、彼らの生を引き継いでいく相互性のなかに参加していくことに他ならない。本を閉じたとき、不思議な感動と余韻とともに現れる風船を背に飛び立つひとりの飛来人の姿は、我々読者のことでもあるのだ。

著者より

　新荘直大さんの書評を読むと、文学という一見孤独な営みを通して、作者であれ登場人物であれ読者であれ、人と人が思わぬときに思わぬところで出会い、つながってゆく、そんな連関の舞台が浮かび上がってくるようです。時空をまたぎ、虚構と現実の境をも吹き消して……。新荘さんが文学のプレイヤーの一人として、読み手としても書き手としても、豊かな邂逅をさまざまに重ねてゆかれるであろう未来を、頼もしく感じています。

（山野辺太郎）

書評した本

『男が家事をしない本当の理由
幸せな家庭の条件』

淵上 勇次郎著

四六判・248頁・1047円
東京図書出版会
978-4-901880-64-0

書評した人

茂木《もぎ》 春乃《はるの》

高崎商科大学4年

卒業研究のテーマである「本の推薦システム開発」を行っています。少しでも本の魅力を伝えたいです。

一九八六年に男女雇用機会均等法が施行されたが、未だにパートタイムは女性が多い。それは、「女性は早く帰宅し食事の支度をする」という考えが当たり前の世の中だからだと予想できる。家事・育児をするのはいつも母。何故、家事をしない「お父さん」が生まれてしまうのか。

著者の淵上勇次郎氏は、一九四八年に佐賀県に生まれた。京都大学で経済学博士を取り、現在は高崎商科大学の教授・学長を務めている。著者は経済学を学んできたため、男性が家事をしない理由を「経済学の視点」と「夫・父としての視点」の両方から客観的に書いている。

本書は、八章で構成されており、最初の三章で男性が家事をしない理由について言及されている。まず、第一章で女性が家事・育児をするという考えがどこから来ているのか、結婚後いつから家事・育児の役割分担に男女差が出るのかが説明されている。幸せな新婚生活が崩壊する「役割分担」を防ぐにはどうしたらいいのか、その予防策が紹介されている。次の第二章では、男女共同参画白書や経済企画庁の調査データを基に、動物の本能である「支配欲」と家事・育児分担の関係が明らかになっている。本書は二〇〇五年刊行なので、データは少し前のものになるが、検討すべき課題は今も変わっていないと思われる。そしてここで、タイトルになっている「男が家事をしない本当の理由」が判明する。原因が判明すれば解決策を立てられる。第三章では、家事をしない男性が生まれる習慣と生まれない習慣について説明している。「夫が家事をしない！」と悩む方はここを重点的に読んでほしい。そして本書の後半では、男性が家事を進めるための具体的なヒントが書かれていく。

本書は、男性の家事参入によって幸せな家庭を築けることを前提に書かれている。しかし、男性を批判し女性の擁護をする内容ではない。男性が家事をしない原因を明らかにし、女性と男性が共生するために、それぞれが実践できることが提案されている。

非常に興味深いのは、男性である著者が「『ステキな女性が現れてけなげに尽くしてくれるはず』――それを『男性のお姫様願望』と呼んだ人もいる」「女性（妻）の〈社会進出〉は実現しても男性（夫）の〈家事参加〉が進まないというのではおかしな話」と切り込んでいることである。著者は男性にも関わらず、このような考えを幻想だと一蹴しているのだ。その中で、様々なデータを参考に家事・育児の在り方を書いているため、偏った視点になっていない。さらに、家事分担に関する疑問点を、市場取引を例に分析することで、女性と男性のどちらにも肩入れせず読むことができる。

一方で、本書を読んで家事に参加する男性が増加しても、日本の家事参加率が増加しなければ、幸せな家庭も増加しないと考えてしまう部分もある。幼少期から男女関係なく家事をするのだと教えなければ、男性の家事参入は進まないだろう。本書では、母親は子どもに家事の経験を積ませ、父親は自身が家事を手伝う姿を見せたい、と推奨している。

しかし、母親が家事を教えることで「家のことは女性が」という固定観念を植え付けてしまう可能性がある。そこで、父親も子どもと一緒に家事をして、教えてみてもいいのではないか。

女性の社会進出が進むほど女性への負担が増える現状では、冷え切った家庭が増加してしまう可能性がある。本書を読んで男性が家事をしない本当の理由を知り、幸せな家庭を築くヒントを得てはいかがだろうか。

書評した本　　書評した人

『変な給食』

幕内 秀夫著

四六判・174頁・1466円
ブックマン社
978-4-89308-730-0

野村 百花
のむら ももか

高崎商科大学附属高等学校
3年

和文化について関心を持っており、3歳から日本舞踊、高校1年から着付けを習っています。将来は和文化に関連した職業に就きたいです。

誰もが小、中学生時代に食べてきたであろう給食。今一度当時を振り返って給食のメニューを思い出してみてほしい。「好きな給食のメニューは？」と聞かれると、「揚げパン！」と口をそろえて言うのが筆者の世代では決まり文句だった。しかし今改めて考えたいのは、「給食の果たすべき意義とは何か」である。砂糖のまぶされたパンとラーメンが並ぶ昼食は果たして成長期である子供たちにふさわしいのか。本書はそうした現代の学校給食を「変な給食」と題して、見つめなおすための一冊である。

この本の著者は、東京農業大学栄養学科を卒業したのち、欧米模倣の栄養教育に疑問を持ち、日本列島を縦断・横断しながら「ＦＯＯＤは風土」を提唱する、伝統食と健康についての研究者である。また、プロスポーツ選手の食事指導や病院の食事相談なども請け負っている。本書は一見すると面白要素が強めの一冊に思われるが、一読すれば、著者がどれほど食を重要視しているのかが窺い知れるはずだ。

本書は七章で構成されており、最大の特徴は、各章ごとの「問題給食」の紹介に、一枚一枚カラー写真を使用していることである。そして、各章の終わりに「おむすびコラム」と題して学校給食について考えるべきトピックがまとめられている。まず、第一章では著者が考える「ひどい献立ベスト6」を紹介し、なぜ著者が学校給食に疑問を持ったのかが書かれている。第二章から第六章ではそれぞれの「変な給食」にタイトルをつけて紹介、解説している。

そこで最も目を引くのは第六章の「危険!!砂糖、油まみれ!!」と題された給食である。このそれぞれの給食には、砂糖と油がこれでもか、と言うほどに含まれており、メニューの字面を見ただけで筆者は胸やけを起こしそうになった。しかし、筆者自身もほんの四年前までこうした給食を食べていたのである。ソフト麺に野菜の入った野菜ラーメン、ここまでは良いだろう。ここに副菜となるおかずが来れば問題ない。が、実際に食べていたのはココアパン。ラーメンに甘いパン、好んでこの組み合わせにしたいと思う人はまずいないだろう。他の章でも、著者は「お菓子給食」「居酒屋ですか?」など、様々な「変な給食」が子供たちに提供されているという問題点を「おむすびコラム」で解説されるトピックとともに示している。最終章では、正しい給食の在り方、成長期の子供に必要な「食事」とは何なのか、著者の最終的な考えが述べられている。

著者の言う「変な給食」を食べている当人たちは「栄養バランスの取れた給食です」と言われて出された給食を「栄養バランスの取れた給食なんだ」と思い込み、疑うことすらしない、またはできないのである。本書はこうした子供たちを正しい「食事」へ導く大人への食啓発本である。「給食」の文化がある日本において、「給食」はすべての世代における共通項なのだ。そんな全年齢対象のこの本を、特にこれから子供を持つ世代に読んでほしい。自分が食べた「変な給食」を我が子も食べることになると想像したら……。次の世代の子供たちに「正しい給食」を食べてもらう、本書はその目的を果たすための助けになるだろう。

編集者より

私が子供だった昭和五〇年代の給食はほぼ毎食がゴワゴワしたコッペパンでした。そのパンで豚汁や八宝菜を食べるのが苦痛でした。四半世紀が経ち幕内秀夫先生と出会い、そんな変な給食が未だ存在していることを知り出版したのが本書です。「カロリー計算重視だから仕方ない！」とか「世界的な視野を持ってほしくて、ナポリタンと肉まんを出した」等お叱りも受けました。え…？　国の決めた数字や目標で動くと文化の本質を見失う。本書の出版から編集の私が得たものは大きいです。

（ブックマン社　小宮亜里）

週刊読書人 2023年2月3日号掲載

書評した本　書評した人

『砂の女』

安部 公房著

文庫判・276頁・693円
新潮社
978-4-10-112115-4

桑原 誠
くわはら まこと

名古屋経済大学法学部４年

他学生の書評が気になり、過去の書評を読んだ。中でもカフカの『変身』が気になり、本書を読むと衝撃。それからカフカや安部公房にはまる。読書を豊かにしてくれた週刊読書人に感謝！

ロックの提唱した、生命、健康、自由、財産の権利を国家に信託する、社会契約論の目指す社会が、「自由」な社会であるのか――。

男は休暇を利用して、昆虫採集のために砂丘を訪れた。昆虫の中でも特に、環境適応能力が高いハンミョウを探す目的であった。が、男はこの砂丘で奇妙な光景を目にする。蟻地獄のようなすり鉢状の穴の中に一軒の家が建っていたのである。穴の中にある家を凝視していると、村の住人に話しかけられる。「上りのバスは、もう終いですが……」。今日はこの村から出られないことを知った男は、多少の興味本位もあり村に一泊することにした。

村人が紹介したのは、穴の中で一人暮らしをしている三〇歳前後の女が住む家だった。縄梯子で穴の中に降りると、家は異様な状態だった。砂に浸食され、柱はゆがみ、窓は板が打ち付けられ、畳も腐る一歩手前。我慢しかねる住居だったが、そこで過ごす一夜も得難い経験だと自分に言い聞かせた。

それは、砂に翻弄された生活だった。天井から砂が降ってくるため、傘を差しながら食事をする。服を着たまま汗をかくと砂かぶれになるため、汗をかきそうな時には全裸になる。さらに男が驚いたことは、雪掻きならぬ砂掻きを毎夜しなければならないことだった。夜に湿気を含んだ砂は朝になると乾く。乾いた砂は、砂雪崩になって家をおそうのだ。男がこの村にいるのは今夜だけなので、砂掻きを手伝った。

朝起きると、昨日砂の中に降りる時に使った縄梯子がなくなっていた。男は穴から出ようと、砂を駆け上るが、砂が流動して登れない。そして砂の中での生活が本格的に始まる。男は脱出を試みるが、果たして蟻地獄の外に出られるのか。

砂の中の生活では女も耐え難かった。女が男の脇腹にくすぐるように指を指し込んでくる場面がある。「枯れはじめた笹は、あわてて実を結ぶ……飢えた鼠は、移動しながら、血みどろな性交をくりかえす……」。絶望的な状況に陥ると生物は性交に駆られるということか。しかし、なぜ女はこの砂の中から出ようとしないのか。

何度も脱出を試みては失敗する男は、なぜ砂の中から出ようとしないのか、女を問い詰める。「本当に、さんざん、歩かされたものですよ……ここに来るまで……子供をかかえて、ながいこと……もう、ほとほと、歩きくたびれてしまいました……」

つまり、たくさんの選択をしないで生きられるのが砂の中であるのだ。女は砂の中という過酷な環境に、ハンミョウのように適応してしまった。物語では、砂掻きという仕事をしていれば、食料や水が、さらに男手のある家にはタバコや酒、漫画や新聞まで村から配給されるのだ。

本書を読み終わり、社会の在り方についてはもちろんのこと、「自由」の本質について考えさせられた。本書を読むまではしがらみがなく、行動の選択肢がたくさんあることが自由だと、まさに主人公の男と同じ考え方をしていた。しかし本書を読んでからは、監獄のように縛られた生活も、ある種の「自由」なのかもしれないと、女と同じ考えになった。

果たして、男の考えはどうなるのか。そして、男は穴の中から脱出して自分が求めている外の自由を手に入れることができるのか？　本書を手に取り、男の結末をドキドキしながら読んでほしい。

編集者より

私も大学生のころ『砂の女』を読み、衝撃を受けたことを覚えています。穴に暮らす女に注目して、「たくさんの選択をしないで生きられるということも自由の一種なのではないか」という桑原さんの指摘はまさに本作における「自由」を的確に捉えていると思います。ハンミョウと同じく、人もまた環境適応能力が高い生き物です。そんな人間の特性を的確に捉え、突飛な設定に美しく盛り込んだ安部公房の技術を読み返すたびに感じます。

（新潮社　文庫編集部　鈴木大雅）

書評した本

『死刑について』

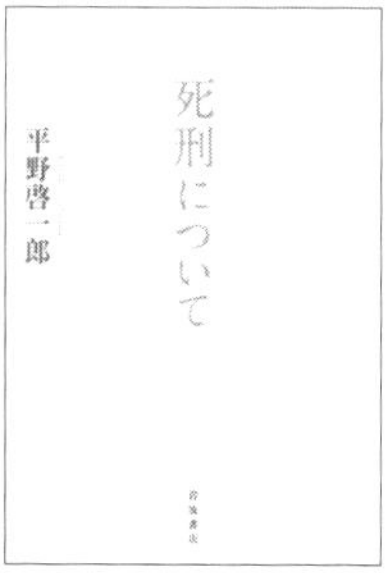

平野 啓一郎著

Ｂ６判・140頁・1320円
岩波書店
978-4-00-061540-2

書評した人

若月《わかつき》 昌枝《まさえ》

日本大学通信教育部４年

中世キリスト教思想や歴史・文化を研究する目的で現在学び直し中。

日本には死刑制度がある。そして「死刑」が必要だと考える人もいれば、廃止すべきだと考える人もいる。しかし、なぜ必要なのか、どうして廃止すべきなのかを根拠を持って話せる人は少ないのではないだろうか。

著者は以前、「死刑は（どちらかと言えば）必要だ」と考えていた。しかし現在は「死刑廃止」を支持している。なぜ、どのようなことが理由で今の主張に変わっていったのか。

他人によって自分の親しい人の命が奪われたとき、絶対に加害者を許せないと思う感情や、極刑を願うのは、自然な気持ちだろう。この点についての著者の立ち位置は最初から最後まで変わらない。では何が著者の気持ちを「死刑廃止」支持へと動かしていったのか。その理由を、いくつか例を挙げて述べている。

冤罪の可能性、死刑執行の決定が選挙の時期や大臣の任期といったことに左右されてしまう事実、「死刑になりたかった」という犯人がいることからの犯罪抑止効果に対する疑問などは、見聞きしたことがある議論ではないだろうか。

また、暴力によるガバナンスとも言える死刑は、議論を通じた合意を基本とする民主主義と相容れないのではないかということ、加害者の過酷な生育環境を無視して、死刑により存在を抹殺し、何もなかったことにするのは、国や政治、社会の怠慢ではないかとも述べる。さらに、法律では人を殺してはならないとしながら死刑を認めるのは、「何か特別のことがあれば、人を殺しても仕方がない、そのための計画をみんなで話し合ってもいい」ということと同義であり、この発想自体に根源的な誤りがあると批判する。

それだけでなく著者は、取材を通じて被害者（被害者遺族）と向き合う中で生じた新たな疑問を提起する。それは「私たちは、被害者の感情を、ただ犯人への憎しみという一点だけに単純化して、憎しみを通じてだけ、被害者と連帯しようとしている」のではないか、ということだ。

愛する者を失った被害者家族の苦しみは、「犯罪被害者として認識されながら生きることの困難、親族間での受け止め方の違い、対立、また孤独や寂しさなど、ともかく、人によって様々」で、時間をかけて徐々に気持ちに折り合いをつけ、ようやく至ったゆるし、といった心の機微を一切無視して、単純に憎しみを通じてだけ被害者と連帯しようとするのは違うのではないかと指摘する。

被害者に必要なのは、憎しみによる連帯ではなく、悲痛からどのように立ち直っていくのかなのではないか。そして現状では、このような被害者へのサポート体制を著しく欠いており、本来、死刑制度廃止と被害者への金銭的・精神的ケアは両輪であるべきだと述べる。

最高刑が死刑とされているからこそ、加害者が無期懲役となったときに、被害者側としてはなぜ極刑ではないのかという憤りや反発を覚えるのではないか、という指摘も鋭い。実際に「いったん制度がなくなり、国家として市民を殺さないという原則ができると、それが前提となるので、深刻な犯罪が起きても、死刑にすべきだという発想自体が出てこない」と述べる。この視点はコペルニクス的転回と言えるかもしれない。

本書は大阪弁護士会主催の講演会の記録をもとに加筆修正したものであり、一五〇ページに満たないコンパクトな書籍だが、死刑制度の是非を検討するにあたり重要な論点がいくつも提示されている。それは机上の空論ではなく、著者が実際に足を運び、人と対峙し、会話をした中から出てきたものだ。さらに「加害者の人権」という側面だけではなく、「被害者の心情」に光をあて、丁寧に著者自身の結論をたぐり寄せている点は、これまでの死刑制度の議論とは違い新しい。

死刑制度については、なかなか実態を知る機会が少ないが、本書はこの問題を考えるにあたり、いくつものヒントを与えてくれるだろう。

編集者より

死刑が必要だと叫ぶ人たちは、被害者や遺族への同情が最初の動機だったのかもしれません。でも、いつの間にか、被害者や遺族の心情は置き去りにされ、加害者への憎悪だけが暴走してしまう。若月さんが指摘されるように被害者の複雑な思いに光をあてた点が、この本の新しさの一つだと思います。死刑制度を肯定する人はもちろん、逆に（私も含め）死刑廃止が正しいと思っている人にも「なぜそう思うのか」と深く問いかける一冊です。

（岩波書店　編集部　田中宏幸）

書評した本

『くるまの娘』

宇佐見 りん著

四六判・160頁・1650円
河出書房新社
978-4-309-03035-7

書評した人

稲葉《いなば》 夏花《なつか》

明治大学文学部文学科3年

自室の整頓中、中学時代に使っていた漢字検定の問題集を発見して以降、漢字ブーム到来。大学卒業までに1級合格を最終目標とし、現在は準1級合格に向けて学習に励む。

本書は著者にとって三作目となる作品だ。これまでに発表された『かか』『推し、燃ゆ』には、どちらも主人公のＳＮＳを通じた繋がりや、自己形成の様子が表現されている。しかし、本書においては、ネットワークを介して誰かとコミュニケーションをとるという描写はない。人と人とのかかわりが、対話によって書かれている場面が多い。この特徴を踏まえると、本書は「直接的な繋がり」を主軸とした物語と言えるのではないか。本書に登場する車の存在もまた、主人公・かんこにおける「繋がり」のモチーフとして表れているように思う。

高校生のかんこは、脳梗塞の後遺症に悩まされる母と、肉体と精神の両方に対して暴力的な一面を持つ父との三人で暮らしている。兄は結婚して家を出ており、弟は今春から祖父母の家に住むようになった。共に暮らしていた兄弟は家を離れ、同居を続けている両親は心身不安定な状況だ。加えてかんこ自身も高校の授業を休みがちになっている。彼女の暮らす家には、暗鬱な空気がよどんでいるように読み取れる。

そんな中、かんこは長時間自宅から距離を置かざるを得なくなった。父方の祖母の葬儀のため、かんこと両親は父の実家へと向かうことになったのである。到着までの二泊三日、昔、家族でよくしていた車中泊を敢行する。その旅というのが本書の中心にある。車内で、母は些細なことで癇癪を起こしたり、かんこの発言に対して父が激昂したりする。家族の感情が高ぶる瞬間があっても、時間が経つと、何事もなかったかのように会話を始める。この旅が光に満ちているとは言えない。それでも、車という空間や、そこで父母と共に過ごす時間が、かんこにとって家族が家族として繋がっていることを認識するためには必要なものだった。

この感覚は、電車や徒歩といった、不特定多数の人込みに紛れて移動する手段で味わえるものではない。家族という特定の複数人を、家とは違って部屋の分かれていない、たったひとつの箱に閉じ込める窮屈さを持つ車であるからこそ、自分にはこの人たちと生きるための確かな居場所があるということを実感するのだと思う。かんこは、祖母の葬儀から帰った後も車中泊を続ける。その結果、彼女のこころは幾分安らぎ、学校にも通えるようになった。かんこは車に籠ることで、家族という範疇にとどまらず、社会との結びつきをも保っているのである。

とは言え、かんこが保っている繋がりは不安定なもののように感じる。かんこ自身も、車内で生活する状態を「健康的な穏やかさではない」と表現している。この歪んだ穏やかさは、彼女だけが持ち合わせているものではなく、かんこの家族にも内在している。それぞれが傷を負っていて、その痛みが時に唐突に疼き、何となしに癒える。その繰り返しだ。この、終わることのないあやふやなループを、地獄の本質としているのが印象的だった。どんな人でも、このような地獄を巻き起こしながら、他者との繋がりをかろうじて保っているのかもしれない。かんこと家族の姿を通じて、人間の命とは常に曖昧に続いているものであるということを感じる作品だと思う。

書評した本　　書評した人

『笹の舟で海をわたる』

角田 光代著

文庫判・540 頁・825 円
新潮社
978-4-10-105833-7

長田 愛唯花
おさだ あいか

二松学舎大学文学部
国文学科 1 年

大学で日本文学について勉強中。

何か大きな決断をするとき、とても勇気がいりませんか。失敗すると、何かのせいにしたくなりませんか。

本書は、二人の正反対な女性の人生を描いた物語です。主人公は夫を亡くし一人で暮らす平凡な女性、左織。彼女が振り返る人生には、常に明るく美しい義妹、風美子がいました。

若い頃のある日、左織は銀座のデパートで突然矢島風美子と名乗る女性に声をかけられます。彼女は自分は疎開先の知り合いであると言い、再会を喜びますが、左織は彼女を思い出すことが出来ません。そんな左織に、風美子は残念そうにするも、それをきっかけに二人は旧交を温めていくことになるのでした。

風美子は、初めはただのキャバレーで働く女性でした。戦争で家族を失って、いじめやひもじさを経験しながらたった一人で生きてきたのです。しかし縁あって左織と義理の姉妹となり、次第にその美貌と才能から頭角を現し、やがて料理研究家として成功を収めます。

そんな風美子は、善悪の因果性について疑問を持っていました。疎開先で自分をいじめた人々が幸せに暮らし、あまつさえいじめのことさえ忘れてしまったことについて、「なんで、私は家も家族もなくしたの？ 私はだれもいじめてないし、ひどいこともしてないのに、バチがあたるのはおかしいじゃないの」と疑問を口にします。

そんな彼女に触発され、左織も徐々に戦時下の暗い記憶を思い出していきます。疎開先でいじめがあったこと、自分自身も人をいじめたこと。しかし、そうした鬱々とした記憶を惨めだと思い、忘れてしまいたいと考える左織に比べ、風美子はその全てを経験とエネルギーに変えてしまいます。

「あいつはさ、人生ってのは自分が作るものだと信じているんだ。（中略）でも、そうなのかなとおれは思うんだ」。

風美子の夫である潤司はそう語ります。左織の目に映る風美子は、なにも持たないところから、自分の才覚でのしあがった、「病気も怪我も、老いすらも関係なく生きているよう」な、「ほしいものを手に入れて、いらないものを切り捨てて、雑草でも毒でも食べて栄養にして、平然と奇跡を起こし続ける」女性だったのです。そんな風美子と常に共にいた左織は、彼女をときに眩しく、ときに疎ましく思うのでした。

左織には、風美子のような強さがありません。過去を過去として割り切ることができません。そのため、左織は少しずつ風美子に抵抗感を感じていきました。終盤、ついに左織は風美子へ「私はあなたのそういうところがぜんぜん理解できない」と訴えます。「これ以上私を巻き込まないで」と強く叫びます。共有した過去が辛く苦しい疎開先でのものだったことを、左織は恨みにさえ思っているのです。

そうして言い争いをしたあと、左織は改めて風美子について、また悪いことをした人間は報いをうけるのかについて考えました。

実際のところ、風美子が何を考え行動しているのか、明かされることはありません。しかし左織は風美子について考えて考えて、悟りを開きます。「仕返ししたかったのは、班長でもだれでもない、人生だ。（中略）思いどおりに、好きなように生きること、それこそが、従うことしかできなかった、あのつらい日々への仕返しなのだ」。そう気付き、左織はやっと風美子への感情に折り合いをつけ、風美子を個人として認め尊重することに成功したのです。

最後に、左織の独白を引用します。「悪いことをしたら不幸になるのでも、いいことをしたから幸せになるのでもない。そのどちらもが、人生に影響など及ぼさず、ただ在るのだ」。これは、とても現実的な結論だと思います。本書は、勧善懲悪のストーリーではありません。まるで頼りない主人公・左織を笹舟にたとえ、私たちに海のわたりを問うているようです。

編集者より

戦争、コロナ、悪政、差別……世界に満ちる理不尽に対し、勧善懲悪を願いつつ変わらぬ現実を憂うのか、抗い自ら道を切り拓くのか。不幸な境遇を経て逞しく自己実現していく義妹の存在で、変わる左織。彼女を通し、いいことと悪いこと、幸と不幸について一つの道標を得た私たちは、どんな航路を進むでしょう。そうした一人ひとりの意識の変化が、やがて大きな波紋となり世界の理不尽に立ち向かうのだと、強く噛みしめています。

（新潮社　文庫編集部　三重野さや香）

書評した本

『ふしぎな図書館』

村上 春樹著、佐々木マキ絵

A 6 判・98 頁・638 円
講談社
978-4-06-275948-9

書評した人

植野 早織
うえの さおり

大阪樟蔭女子大学学芸学部
国文学科創作表現コース
3回生

教育実習に向けて日々、教案を作ったり準備しています。コロナ禍ということもあり色々な制限はありますが、そんな中でも思い出に残るような楽しい授業を展開できる実習になれば良いな、と思っています！

本書は、魅力あふれる大人向けファンタジー作品である。市立図書館で「オスマントルコ帝国の税金のあつめ方について」の本を探す「ぼく」は、老人に連れられ、地下の閲覧室に向かう。しかし、それは老人の策略で、「ぼく」は地下の牢屋に閉じ込められてしまい、羊男に見張られながら読書をするよう強制される。老人は読書で知識の詰まった「ぼく」の脳みそを最後に吸おうとしていると羊男はいう。絶望する「ぼく」の前に現れたのは美しい少女。しかし羊男はそのような少女は存在しないという。新月の夜に脱出を試みる「ぼく」と羊男。老人はそれを待ち構えている。老人の犬、「ぼく」が大事にしていたむくどり、気づいたら消えていた羊男。家に帰ると心配性の母が待っていたが、三晩不在にしたことはなにも言わなかった。

ごく短い物語なのですぐに読み終わるが、何度も読み返して時空の繋がりを見つけないと謎が多いまま終わってしまう。短いけれど奥の深い物語なのだ。様々な読みが可能だと思うが、筆者は過去の記憶との向き合い方、大切にしてきた人との別れを乗り越える方法、世の中との距離感の取り方、などがテーマになっていると考える。

逃げるときに失ってしまった「革靴」は忘れようとすればするほど頭から離れず、過去の苦しい記憶との向き合い方と重なるところがある。「ぼく」が大切に想っていた少女との別れでは、少女は「ぼく」が前に進むことを促している。その一方で、心配性な母親は予想に反して三晩不在にしたことを気にしていない。世の中は自分が思うほど他人を気にしていないことを表しているとも読み取れる。過去・孤独・世の中と向き合うとき、新月の夜のように自身の闇も深く感じられる。ただ、一歩を踏み出すのもまた、新月の夜のような深い闇の中なのである。

また、物語の最後に、「先週の火曜日、母がなくなった」「それでぼくはほんとうのひとりぼっちになった」という記述があるが、時空を超えた繋がりを意識して読むと、母親は「ぼく」が図書館に行く前に既になくなっていた可能性が見えてくる。大切な人との死別を受け入れられなかった「ぼく」が図書館で不思議な世界に迷い込むことによって、記憶の整理をすることができるとも読めるのだ。昔「ぼく」を噛んだ犬が登場することから、「少女」がむくどりで、置き捨ててきた「革靴」が母親だと考えることもできるかもしれない。そうした上で、朝食を作って「僕」を待っている母親とは……と考え出すと、読者は無限ループに入り込んでしまうのだ。

この『ふしぎな図書館』という物語は、『カンガルー日和』収載の「図書館奇譚」と併せて読むのも面白いかもしれない。「図書館奇譚」では、家に帰るとむくどりは健在で、『ふしぎな図書館』とは異なっている。「図書館奇譚」の綺麗な絵も好きだが、『ふしぎな図書館』では佐々木マキさんが描き出す、暖かいタッチの絵がたくさん使われており、内容も挿絵もこの本の全てが何度も繰り返し読み直したくなる要素であふれている。この物語は何度も読むことで、自分自身にも新たな発見を与えてくれるのではないだろうかと、そう思う。

週刊読書人 2023年3月10日号掲載

書評した本

『林住期』

五木 寛之著

文庫判・244頁・605円
幻冬舎
978-4-344-41192-0

書評した人

森本 拓輝《もりもと ひろき》

大阪国際大学人間科学部4年

3年連続で掲載していただきました。文章を書く喜び、掲載の幸福感をありがとうございました。

本との出会いは実に不思議なものだ。本書との出会いは大学の集中講義「心と身体」の受講がきっかけだ。その中のヨーガの授業で「人生を四つに分ける」古代インドの人生論が印象に残り調べると、「四住期」の話だと分かった。その関連本の一冊が『林住期』だった。

人生を「学生期」「家住期」「林住期」「遊行期」と四つに区切り、それぞれの生きかたを示唆する。「学生期」は二十五歳までで、心身を鍛えて学習し、体験をつむ時期である。「家住期」は五十歳まで、就職、結婚、家庭をつくり、子供を育てる。人生の前半戦であり、林住期のための長い助走期間とも言える。そして七十五歳までが「林住期」、七十五歳以降が「遊行期」となる。本書には、人生のジャンプであり離陸である「林住期」こそ、人生のクライマックスでは、と記されている。

ここで特に印象に残ったところを紹介する。

「暮らしのためでなく働くこと」の章では、人間は生きるために働いている。生きるために働くとすれば、生きることが目的で、働くことは手段ではないのか。多くの人は、働くことが目的になっているために、よりよく生きてはいない、と記されている。さらに「人がジャンプするとき」で、「林住期」からは金を稼ぐために生きるのではなく、生きるために生きる。「これが現代人に残された数少ない冒険の一つでは」と提案する。

　二つ目は「息は鼻から、食物は口から」の章の、三年間咳が止まらない女性の話。病院で検査を受け、様々な治療を試みたが、医師からは異常なしと言われた。著者は女性の呼吸の仕方に問題があると気づいた。正しい呼吸法を教えると……という内容である。この章のキーワードは「気づき」だ。インドの古い言葉ではそれを「サティ」といい、「教え」とも、「経」とも訳されることがあるという。日々の小さな気づき《サティ》のつみかさねが人の心と体を支えている。

　この章を読んで、筆者の中の小さなサティは、『林住期』との出会いだと思った。講義を受講していた全員が「四住期」の教えが気になる訳ではない。筆者が「四住期」の魅力に気づき、自ら行動をしたことで『林住期』を知ることができた。

　さらに、この春で大学を卒業し社会人の仲間入りをするにあたり、先ほど挙げた「人がジャンプするとき」が心に響いてきた。ほとんどの仕事は週休二日制だ。勤労が国民の義務であることは承知しているが、働くために生きているようで明るい未来が想像できない。筆者は将来的に、週三日働き四日間優雅に休む人生を送りたいと本気で計画している。人生の目標を立て行動ができるのは自分しかいない。どんなに現実離れした目標であっても、計画したもの勝ちである。

　著者はあとがきで「人生をやり直すというのではない。一から始めることでもない」「「林住期」のさなかにある人びとだけではない。やがて「林住期」を迎える世代、そして将来かならずそこに達する若い世代の、明日への目標としてこの本は書かれた」と記している。これを読んだ時、「学生期」の自分が『林住期』を読むのは早いのでは、という考えは吹っ飛んでいた。

　別の章には「「林住期」を、自分の人生の黄金期として開花させることを若いうちから計画し、夢み、実現することが大事なのだ。スポーツもそうだが、後半のゲームをどうつくるかにすべてはかかっている」とある。ヨーガの先生は「七十五歳過ぎて病院通いをする毎日ではなく、あなたたちには遊んでほしいから、今から身体を整えることを意識することが大切」と仰っていた。二十三歳でヨーガと『林住期』に出会えた筆者は幸運であると心から思える。大学生はまだ人生の助走期間である。

書評した本　　書評した人

『未必のマクベス』

早瀬 耕著

文庫判・614頁・1100円
早川書房
978-4-15-031294-7

梅津 春風
うめつ はるか

大阪大学外国語学部英語専攻
4年

アメリカ文学のゼミ所属。深夜ラジオを聞いています。好きなものはハヤカワポケットミステリの色付きの装丁です。

この本を読んだのは、海外の犯罪小説の、大胆で複雑で残虐な、正義と悪の闘いに、お腹がいっぱいになったころである。文庫本で六〇〇ページを超える大作である本書には、恋愛小説の懐かしくて甘酸っぱい感覚と犯罪小説の重厚で読み応えのある現実感が存分に盛り込まれている。「異色の犯罪小説にして、痛切なる恋愛小説」という触れ込みに惹かれたが、そのとおり、読後は犯罪小説らしくないきれいで澄んだ後味が残る。

「あなたは、否応なく、王として旅を続けなくてはならない」

ＩＴ企業で交通系ＩＣの営業をする中井優一は、偶然立ち寄った澳門のカジノで大金を稼いだ晩、客引きをしていた女性に、このように未来を告げられる。翌日、声をかけてきたカイザー・リーを名乗る男は、中井に日本企業の「香港現地法人の未公開株」の買取を持ちかける。直後に中井と同僚の伴は香港の子会社への出向を命じられ、物語が動き出す。中井は日本・香港・東南アジアを舞台に、企業の利益とその深い闇に巻き込まれながら、大切な人を守るために抗うことを選ぶ。

『マクベス』の内容は文中で丁寧に説明されており、

未読でも本書を読み進めるのに支障がなかった。『未必のマクベス』の題が示す通り、だれも意図していないうちに舞台が整えられていて、幕があがると中井は王になる使命を受け入れることになる。同僚の伴浩輔と中井の彼女の由記子にも、シナリオに沿った役割があてはめられ、中井は大切な人が安全であるための終幕を探す。

魅力の一つは、物語の緩急である。国を越える犯罪が進むと同時に、異国情緒が香り、中井は淡い初恋や同級生との思い出を回顧する。

香港に異動になった中井は「董事長《ドンシイジョン》」と呼ばれ、電話口では「喂（中国語でもしもし）」と応える。キューバリブレを飲んで、巨悪に立ち向かい抗う様子はハードボイルドのようだが、その暗さに香港の言葉がアジアンな親しみやすさを添えていて、読者としてついつい犯罪を忘れて異国の伸びやかさを感じ、旅に行きたい気持ちが駆りたてられる。

旅については中井が冒頭に述べている。

「旅は、自分の居場所に帰る道を知っている間に終わらせる方がいいと、ぼくは思う」

王としての旅とその居場所は、空間的にも時間的にも広がりまた収縮する。物語が進むにつれて舞台は東南アジアの国々に広がり、中井の居場所は危うく不安定になる。彼は幾度も回顧し、過去の初恋を思い出すことで、自分の置かれた現在の意義を刻み、大切な人のために淡々と役割を果たすのである。その回想には、ほほえましさと甘酸っぱさがあふれていて、読者に初恋のなつかしさを想起させる。国を越えた犯罪の恐ろしさや現実感はそのままに、回顧することで何とか今の居場所を定めようとする彼の様子は、初恋の盲目的な純愛を思わせるのだ。

犯罪は初恋のために存在し、同時に初恋がゆえに中井は悲劇の物語から逃れられない。恋の厄介さが、本書を印象的な犯罪小説、且つ痛切な恋愛小説として、胸に刻みこませる。さらにハードボイルドの要素も、旅行小説としても楽しむことができる。激しいのに穏やかさを感じる、何度も読み返して味わいたくなる本だ。

書評した本　　書評した人

『君か、君以外か。君へ贈るローランドの言葉』

ＲＯＬＡＮＤ著

四六判・240頁・1540円
ＫＡＤＯＫＡＷＡ
978-4-04-604951-3

関根《せきね》 早紀《さき》

大東文化大学法学部
政治学科４年

コーヒープレスで淹れた熱々のコーヒーを飲みながら、自宅のベランダでオリオン座の中の小さな星を眺める時間が好き。

本書はローランドという一人の人物の「人生」「仕事」「生活」に対する考え方が、アフォリズムで紹介されている。歌舞伎町のホスト？　自分とは関係ないな。そんな声が飛んでくる気がする。正直に言って、筆者もホストに取り立てて関心はない。しかしローランドの言葉の中には、これから社会人になる私にとって、時間の使い方や将来ありたい姿への示唆があり、本書について自分の言葉で伝えたいと考えた。

本書に「人々はスマホを使いすぎている。死ぬとき、走馬灯にスマホの画面が出てくるはずだ」という言葉がある。デジタル社会が浸透した現在、最新のトレンドが凝縮されたＳＮＳに、常にアクセスできる状態が当たり前だ。しかし皆が一斉に、あるべき理想を追いかける恐ろしさに気づいた時、ローランドの「君か、君以外か。」という言葉が脳内に浮かんだ。人間にはそれぞれに本来持ち合せた個性があり、その人らしさが前面に現れた人生で良いはずなのに、時代に乗り遅れるのを恐れるあまり「世間や他人にとっての」普通を求めるのはあまりにもったいない。実は理想に追いかけられているということを著者は訴えているのではないか。一度きりの人生なのだから、走馬灯には、この世で食べた一番美味しかったものが、大好きな人との思い出と共に出てくる人生でありたい。

そこで、筆者はローランド流デジタルデトックスの一つを実践した。その結果、一日のスマホの平均使用時間が四時間から四〇分になるだけでなく、友人が駅を吹き抜ける風にあたりながら気持ちよさそうに空を眺める姿が素敵だな、といった、人の新たな魅力に気づくことが増えた。

それは「ロマンやプライドを追求できるのは、人間に生まれた特権だ」という言葉にもつながる。バスから窓の外を眺め、エンジン音や自然音を聞いていると、スマホをいじらなくても時間そのものを楽しめていると気づいた時、ローランドの言う人間に生まれた特権は、有形無形を問わずに感じられると思えた。

「散歩は最高の創造の時間である」という言葉は、睡眠以外の脳のリフレッシュ時間を確保することの大切さを示していると捉えた。実際、ぼんやりしている時に、名案が浮かぶことは多い。また、休んだはずなのにどこか疲れているというのは、デジタル社会が生み出した弊害の一つとも言える。日常生活のほんの一部に、無の時間を組み込み、脳を休ませることこそが、デジタル社会で最高のパフォーマンスを発揮するために、求められることなのではないか。

ローランドの言葉のすべてが心に届いたわけではない。しかしたとえば、「普通に成功することは勿論素晴らしい。でもそこに逆境というスパイスが加わると最高の味になる」といった言葉が放つ現実感、言葉そのものの輝きは、いま大切にしたいことをたくさん気づかせてくれた。帝京高校サッカー部時代、どれだけ練習してもレギュラーになれずに、テレビで部員の活躍を見ていたこと、ホスト下積み時代、体が大きいという理由で先輩に焼きそばパンを無理に食べさせられたこと、アパレル事業を始めても、自信を持って売れる自分の好きなものが、必ずしも世の中に受け入れられるものでなかったこと、本を出版する際、寒い車中でも一生懸命筆をとったのにゴーストライターの存在を疑われるなど、多くの挫折を経験してきたローランドの言葉は、日々を振り返らせ、生を活気づける力があるのだ。

著者より

今作が前作の反響には届かず悲しみに暮れていたが、こうして世界のどこかにちゃんとメッセージが届いていると知って、苦心して書き上げた甲斐がありました（笑）。

「直接目を見て言われた言葉以外、一喜一憂する価値はない」というのが俺の哲学だが、今回の君の書評だけは特別枠としておきますね。これからもリアルな言葉、リアルな景色を大切に。世界はきっと君が思っているよりも、もちろんスマホの画面なんかよりも遥かに大きいのだから。

（ROLAND）

書評した本　　　　書評した人

『失われたものたちの本』

ジョン・コナリー著

文庫判・446 頁・1320 円
東京創元社
978-4-488-51706-9

外塚 唯《そとづか ゆい》
大東文化大学文学部
歴史文化学科２年

ケルト文化に関心があります。最近取り組んでいることはゴッホの「星月夜」のジグソーパズルです。

お元気ですか。

最近、ふと中学時代のことを思い出すことが多くなってきました。ですが、ただ振り返るのでは味気ないものですから、ここは少し、本の力を借りて思いを伝えることにします。ともに物語作りをしたあなただからこそ、書評の形でこの本の紹介をしたいと思い、手紙をしたためることにしました。

母親を亡くし孤独の中にあるデイヴィッドは、ある日、本たちの囁く声が聞こえるようになります。ついには死んだはずの母親の声まで聞こえ始め、その声に導かれてデイヴィッドは幻の王国に迷い込みます。そして元の世界に帰るためには「失われたものたちの本」を探さなければならないのです。

作中には〈木こり〉と呼ばれる男が登場します。〈木こり〉は主人公であるデイヴィッドが迷い込んだ異世界で、一番初めに出会う人物です。彼はことあるごとにデイヴィッドを助け、迫りくる人狼たちから護ってくれるのです。そして彼はちょっとした合間、一息つくかのように物語を語ります。そしてもう一人、デイヴィッドに物語を聞かせる人物がいます。それは失われたものたちの本を探す旅の途中で出会った、〈ローランド〉と名乗る騎士です。彼もまたデイヴィッドに物語を話して聞かせるのです。

　私が面白いと感じたのは、彼らの語る物語がこの本の中で、まるで幕間狂言のような役割を担っているということです。物語の中に、更なる充実した物語がある。なんだかマトリョーシカみたいですよね。物語を語るというこの場面で私の脳裏を過ったのは、中学時代の他愛のないやりとりでした。

「こんな話があったら面白そうだ」と。思い返せば、そんな会話をしていたような気がします。私が話を書いて、あなたがそれを絵に起こす。ついぞ叶わない計画ではありましたが、実を言うとそのお話の方は今も、部屋の本棚の隅で眠っていたりするのです。言ってしまえばそれは、語られることのない物語となったわけです。

　本書の中でローランドがデイヴィッドに物語を語り終えたあと、ローランドはデイヴィッドにその物語についてどう思ったか、と尋ねる場面があります。そうして二人は物語の結末や、登場人物たちの顚末について意見を交わすことになります。

　私はその場面にこそ、物語が語られるということの本質と醍醐味があると思うのです。同じ話を聞いても、受け取り方や感じ方は同じではない。対話を重ねて、互いに「なるほど、そうだね」と落ち着けることができて、ようやく物語は意味を持ち完成するのだと思います。言うならば〈二人読書会〉なるものが、作中に設定されているのです。つまりはこの場面のローランドとデイヴィッドは、私の理想とする作者と読者の関係であったのです。まさしくこの本は、物語ることそのものの意味と価値、そして楽しさを再認識させてくれたのです。

　またいつか、あの日の物語の続きをあなたと始めてみたい。

　この本はそんな夢の名残を呼び起こしてくれた一冊です。（田内志文訳）

編集者より

　中学時代、ともに物語作りをした「あなた」に宛てた手紙形式の書評というのは、まさに本書にぴったりな書き方だと思いました。本書では、作中作としていくつかのおとぎ話が語られます。そのあとで登場人物たちが結末などについて意見を交わすことに、物語が語られるということの本質と醍醐味がある、という指摘がとても興味深かったです。外塚唯さん、素敵な書評をありがとうございました。

（東京創元社　編集部　佐々木日向子）

第2部

添削例

●書評した本
ファン・ジョンウン著『年年歳歳』
●書評した人
青木 希実（日本大学芸術学部文芸学科3年）

著者のファン・ジョンウン氏はこの作品が家族の物語として読まれることを心配している。ページをめくって真っ先に目に入ってくるのがこの物語における登場人物の家系図であるのに、だ。①このことに矛盾を感じるかもしれない。しかし、この物語を最後まで読んだときに著者の心配の本当の理由について気づくことができる。

この作品は主人公のイ・スンイルという女性とその二人の娘ハン・ヨンジンとハン・セジンを中心とした連作小説集である。そして朝鮮戦争によって人生の選択肢を奪われてしまった女性たちの物語だ。②③実は主人公のイ・スンイルはずっと「順子」と書く「スンジャ」と呼ばれて、自身も「スンジャ」だと思って暮らしてきた。

④作中には「山」が何度も登場する。イ・スンイルが祖父の墓参りをするところから物語は始まる。その道中でイ・スンイルは次女であるハン・セジンに「もうそろそろ帰ってきて、家のことを引き継ぐ準備をしないと」と言う。私には私の生活があるというハン・セ

編集部コメント

①著者の心配についてはあとがきに書かれていますよね。あとがきから先に読むのでないと、冒頭の家系図との関係性で、矛盾を感じるということにならないと思うので、矛盾の件をカットした上で、「筆者は」（青木さんのこと）と、自分の話にするのがよいのではないかと思います。
↓家系図であるのに、だ。筆者はこの物語を最後まで読んだときに～気づくことができた。

②この二行で、大まかにはこの本について説明できていると思いますが、もう少し詳しく全体像を書くとよりいいですね。四篇あるので、その一つ一つが、どんな時代のどんな話なのか、さわりをまとめるというのもありなのではないかと感じました。「順子」と呼ばれていたことは、いいポイントを取り上げていると思いますが、結局そのことが何を示しているの

ジンにイ・スンイルはさらに畳みかける。「結婚もしないで、何が生活なのさ」と。

その一方でイ・スンイルの夫であるハン・ジュンオンは長男であるハン・マンスに相続できる山を持っていることを誇りに思っている。この山はイ・スンイルの亡くなった父のものであったが、彼の死後に持ち主不在の山として申告され国家財産になるところを取り戻すことができた。しかし長男はニュージーランドで学生生活を送っており、韓国に戻ってくる気はないらしい。その山に不動産価値などなければなおさらだ。⑤

こんなエピソードもある。イ・スンイルは親戚一同で出かけた済州島で⑥膝の痛みのために小さな丘に登ることを諦める。その様子を見ていた義理の息子であるキム・ウォンサンはイ・スンイルを軽々と背負ってしまう。⑦「うちのおかあさんは本当に小さいな」と娘のハン・ヨンジンは驚きを隠すことができない。

父から長男へと相続される土地としての山。祖先が眠っている場所としての山。年老いた女性が若い男性の手助けなしでは登ることのできない山。これらのモチーフは家族という共同体を維持していくために不可欠な家父長制と直結している。

個人としての生き方は家族という大きな概念の中に飲み込まれて」

か伝えきれていないように思います。そのことは「無名」という一篇について、もう少し概要を書くと伝えられるかもしれません。

③→イ・スンイルはずっと「順子《スンジャ》」と呼ばれて
とルビにするとわかりやすいのではないでしょうか。

④山の話が何度も登場する、という視点は面白いと思います。またそれが家族、家父長制とつながっているという論旨もいいですね。

⑤一文が長いところには、もう少し読点を加えると、読みやすくなります。

⑥エピソードとして合っているようで、膝が痛いのと、状態が悪いのは微妙に違うし、昇りたくてうろうろするのと、諦めるのは微妙に違います。細部が重要です。それからせっかく「山」が何度も登場するので、「小さな丘」ではなく「火山の丘」とした方がよいのではないかと思います。

⑦引用は、一字一句そのまま引いてください。→「うちのお母さんはほんとに小さいな」となる。

しまう。飲み込まれることを避けられない登場人物たちは、お互いの過去の出来事について口に出すということをしない。

けれども語られることのなかったものに読者である私たちは触れることができる。最後までフルネームで呼ばれる彼女たちの胸に秘められていた出来事は、著者のメッセージである「私たちは私たちの人生を、ここで」という言葉とともに私たちの人生を照らしてくれるだろう。

⑧

⑧冒頭で、家族の物語として読まれることを心配している著者について書き、あらすじとして、家父長制に触れ、一方でまとめ部分に、家族間で語られなかった物語に、読者である私たちは触れられると記したのは、とてもいい流れだと思いました。もう一言、それが結局「私たちは私たちの人生を、ここで」という言葉につながっていくのはなぜなのか、青木さんの言葉で、読解を加えられたらよりよいのではないでしょうか。

▼最終稿は34頁をご覧ください。

POINT

全体にいい流れでまとまっていると思うのですが、もうあと一歩、明確に、青木さんの批評、感想を言葉にしてもらえたらと思います。がんばってください。

●書評した本
伊坂 幸太郎著『オーデュボンの祈り』
●書評した人
大塚 周（明治大学文学部2年）

①②二ヶ月前にソフトウェア会社を辞職した二八歳の伊藤は自分の人生をリセットしてみたいという理由でコンビニ強盗を試みるが、失敗する。そして彼は中学時代の知り合いである城山によって逮捕される。城山は警察官でありながら昔から人を痛めつけるのが趣味であり、人の苦しむ姿を見て愉しむ残忍な人間である。伊藤はそんな城山に捕まってしまったことを後悔していたが図らずも乗っていたパトカーから逃げることに成功し、そのまま必死に逃走しようと試み、そして気づくと見知らぬ島にいた。③萩島というその島は約一五〇年前から外界と隔絶されており、伊藤を連れてきた轟という男以外は④島の外を出入りすることができない。島には桜という唯一拳銃の所持が認められた男がおり、⑤桜には自由に人を裁くことが認められている。そして優午という会話のできるカカシが存在し、彼は未来で何が起こるのかを知っている。そんな非日常的な世界ではあるが伊藤は⑥人の優しさに触れながら平穏に暮らす。しかし、ある

編集部コメント

①この書評には段落がなかったので、段落分けをしてほしいと思いました。また読点が増えると読みやすくなるという印象をもちました。
②細かい点なのですが、合わせられるところは、本の表記に合わせるとよいと思います。「二か月」とか「二十八歳」とか。
③→荻島　以下同。
④「出入り」なので　→島の外へ
⑤桜と伊藤が対話する場面を読むと、桜にとって撃つことが「裁き」であるのかどうか、少し引っかかりました。裁きとも思わずに、ただ目の前の存在を、撃つか撃たないか、なのではないかと。
→彼の判断で人を撃つことが認められている。　ではどうでしょうか。
⑥優しさ、平穏、と括ってしまっていいのか（それにしては奇妙な世界なので）と、私は思いましたが、大塚さんがやはりこう感じるのであれば、ママで構いません。

日優午が殺されてから物語は一変する。⑦優午は島の人々にとって神様のような存在であったこともあり、優午の不在により島民に不安が生まれる。未来を見通せるはずの優午はなぜ自分の死を防げなかったのか。伊藤はその謎を追う。一方、城山は伊藤が萩島にいるという情報を聞きつけ、彼の元交際相手である静香を脅し、共に萩島へと向かう。優午の死の謎や伊藤の運命、そして島には何か大事なものが欠けているという言い伝えがある。⑧その大事なものとはなんなのか、そして伊藤はそれを補うことができるのか。また、この島は、過去に支倉常長によってヨーロッパとの交流所として使用されていたり、優午の語りの中でオーデュボンという百年以上も前に実在した動物学者が出てくる点など、フィクションとリアリティが共存しており、不思議な世界観が魅力である。本書では、優午は自身をオーデュボンと重ねており、同時に萩島の島民を過去、アメリカで、食用のために人間によって絶滅させられたリョコウバトと重ねている。その上で⑨彼らは二人とも救うことはできず、祈ることしかできないと語る。だがこの二人には決定的な違いがある。それは優午には未来が見えること、そして何よりも彼は人間の可能性を信じていたことである。だからこそあえて彼は未来で起こる出来事を教えず、自分が信じた人間達に任せたのではないか。『オーデュボ

⑦細かいところですが、「優午は島の人々にとって」、二度目に出てくるところを「その不在により」などと、指示語を使って同じ言葉を繰り返さないようにすると、読み心地がよくなると思います。
⑧ここも同じく、「それは」に変えることができます。
⑨ここは逆に、「彼らは二人とも」とまとめてしまうと、言葉が足りない感じがあるので、
↓優午もオーデュボンも、荻島の島民とリョコウバトを救うことはできずと明確に書くのがいいのではないでしょうか。
⑩余分な言葉を削ぎ落してなるべくシンプルにまとめられるといいですね。一文の中に「オーデュボン」という言葉が三回出てきていますが、できるだけ同じ言葉を繰り返さないようにしてみましょう。たとえば…
↓題名に込められた意味を考えると、オーデュボンの祈りは、殺されるリョコウバトへの縋るようなものだったのに対し、優午は、自らの信じた人間達への祈りだったことが興味深い。
⑪「一〇〇年ぐらい前、」と加えた方がわかりやすくなりそうですね。

ンの祈り』という題名に込められた意味が優午とオーデュボンが同等だとすれば、祈りの行き着く先がオーデュボンは殺されるリョコウバトへの縋るような祈りだったのに対し優午は自らの信じた人間達への祈りだったことが興味深い。〈⑪優午の精神の形成に資したお雅がこんな言葉を残している。「先のことなんて知らない方が楽しいんだ。もし誰かに聞かれても『面白くなくなるよ』って言って、教えないほうがいいさ」。人間は先のことを知るのと知らないのでは歩み方が異なる。未来を知らないからこそ希望を探しながら『勇気』という特別な歩み方をするのである。⑫〉

⑩

⑫最後は、「そのようなことを考えさせる、作品だった」など、本についての一文で終わるとおさまりがいいのではないかと思います。

▼最終稿は42頁をご覧ください。

▼最終稿は42頁をご覧ください。

POINT

伊坂さんの作品の中でも不思議な世界を描く一冊ですが、とてもよくあらすじがまとまっていたと思います。その上で、自分の読解も最後に書かれていて、全体によい書評だと思いました。段落や読点、指示語を使うなど、ほんの少しのことで、印象が変わると思いますので、読みやすさを意識して推敲してみてください。

●書評した本
綾屋 紗月・熊谷 晋一郎著『発達障害当事者研究』
●書評した人
市嶋 希望（帝京大学文学部社会学科2年）

私には今まで疑問に思ってきたことを解決したいという野望がある。それをやり遂げるためにどのように進めていけばいいのかが分からなくなった時、①教員のオフィスアワーの時間に相談に行き、勧められてこの本を手に取った。

この本は発達障害の当事者である綾屋紗月が自身の経験してきた生活の中での困難をいくつか取り上げて、なぜそのような状態になってしまうのかを考えている。自身の特性の検討から問題の原因は情報のまとめあげ方に「普通」との差異があると指摘する。そのうえでさらに「自閉」という概念を新たに捉えなおす。

②発達障害の特性は「社会的コミュニケーションの問題」、「常同的な行動（こだわり）」等の大雑把なまとめ方で知られている。しかし、個人にフォーカスしてみるとその特性は実に多様であり、一般的に特性としてまとめられているものだけでは説明しきれない。しかもその特性から生じる困難さは「普通」の人が感じるものの延長線上

編集部コメント

①本の内容からは離れた部分なので、ここまで詳細に書かなくてもいいのでは、という印象です。たとえば「大学の先生に相談し」ぐらいの表現にしてはどうでしょうか。

②本書の一番伝えたい部分を捉えていると思いました。この部分はこれでいいと思いますが、この後に本書の内容を具体的にまとめるパートを作ってください。こうした研究書では、各章にどういう内容が書かれているのかを、コンパクトに具体的にまとめる必要があります。最後の章では、熊谷晋一郎さんも登場しますが、そのことにも触れないと、「著者名にある熊谷という人は誰なのだろう？」と、未読の読者は疑問に思うでしょう。

にあり、見た目には表れない。仮にそれをほかの人に話したとしても「そんなの私も感じるよ。みんな同じだよ」と片付けられてしまう。そのたびに感じているものが不確かなものになっていく。果たしてこの感覚は本当にある物なのだろうかと疑問に思う。綾屋が自身の経験を書いている部分にも感覚の実在性を疑うような描写がある。

綾屋は③④『あなたの困難さと私の困難さは「質的に同じでも量的に異なる」のではないだろうか』と問う。現在「多様性の言説」が巷にあふれかえっているが、あなたと私が感じている苦しさは果たして同じレベルだろうか？　苦しさの違いを現在の「多様性の言説」ではすべて同じレベルの物としてしか認識できないのではないだろうか。苦しさ、困難さのレベルの違いを認識できるようになってようやく「多様性の言説」で多くの人が救われるのではないだろうか。目に見えて困っていないように見えても見えない部分で困っていることなんて当たり前だ。目に見えて苦しそうでも見えない部分で苦しい場合も多い。周囲の人に知ってもらって行動をアシストしてもらうことは重要でありこの本でも触れている。

苦しさのレベルの差を知るには当事者の語りが必要不可欠となってくる。この本では当事者の視点から科学的に定義された「自閉」

ここまでの部分で、「自身の経験してきた生活の中での困難をいくつか取り上げて」とか「綾屋が自身の経験を書いている部分に」などとあるのですが、どういう経験を取り上げているのか、どのようにその不確かさを説明しているのかを、具体例を挙げて紹介すると、これがどんな本で、著者は何を伝えたいと思っているかが、未読の読者にわかりやすくなると思います。

③本のタイトルなどは『　』で、引用は「　」や〈　〉などで括ります。また引用は、一字一句たがえずに引いてください。
→「あなたと私の困難さは「質的に同じでも量的に異なる」のではないだろうか」となる。

④重要なところを引用していると思うのですが、この言葉が出るまでに手話の話が出てきますよね。その部分で、著者が自分の困難さについて、どのように説明しているのかをコンパクトにまとめてみると、事例があることで未読の人にも伝わりやすくなります。説明が難しい事例だからこそ、著者の困難さも増しているわけで、それをコンパクトに粗筋にしてください、というのは大変かもしれませんが、未読の人に、この本の内容が伝わるにはどうしたらよいか、を想い浮かべながら、チャレンジしてみてください。

という概念を新しく捉えなおしている。再定義した概念の方が実際に腑に落ちるし、わかりやすい言葉に組み替えられているためわかってもらいやすい。この本には「多様性の言説」をレベルアップさせるためのヒントがたくさんちりばめられている。質的に同じだからとまとめずに量的な部分で理解をしてもらうことが重要なのだ。

多くのマイノリティに関しての理解が進んでいく一方、発達障害に関しての理解はどこか頭打ちになってしまっている印象がある。それは感じ方、捉え方という難しいところに問題があるからなのだろう。この本は感じ方の苦しみをわかりやすく説明していて、「自閉」という概念を当事者の視点から再定義していることでさらに分かりやすく説明している。多くの人に読んでほしいと心の底から願う。そして感じ方、捉え方の違いについて知ってもらえたら嬉しい。

▼**最終稿は50頁をご覧ください。**

POINT

文章は整っていますし、きちんと読めていると感じました。修正点は、具体的な概要を加える、ということに尽きます。

概要をまとめる際に、まずは「1章には～が、2章には～が書かれている」というような、本書の全体像をとらえ、その上で、中でも市嶋さんが注目した部分を、引用など使いつつ、具体的に示してみてください。

●書評した本
朝井リョウ著『正欲』
●書評した人
川田愛珠（神戸海星女子学院大学1年）

①多様性という言葉は、自分がどのくらいの視野で世界を見つめているのかを測る1つの指標になるのだと、本書は教えてくれる。そして私は多様性を何て②狭義的に捉えてきたのかと、今までの③易々とした考えを恥じた。

物語は連作形式になっており、平成から元号が変わろうと④時代のアップデートが叫ばれる最中、多様性について思いを巡らす5人の視点で構成されている。それは己の正義感を妻子に押し付ける検察官だったり、自分を受け入れる世界は無いと、心を閉ざす男子大学生だったり。どの登場人物も互いの⑤正義感を押しつけ、万事解決とはいかない。⑥歩み寄り、受け入れる姿勢が、時として人を深く傷つけてしまう事実を読者は思い知らされるのである。

ここから、私が一番印象に残った話を綴ろうと思う。神戸八重子が通う大学では、ミスコンが学園祭の目玉となっていた。だが⑦開催が迫る中、実行委員である八重子は容姿で序列をつける事はこれか

編集部コメント

①この捉え方はいいですね。よく読み取れていますし、川田さん独自の目線も込められています。評するのがなかなか難しい本だと思うのですが、この冒頭の一文も含め、端的にまとめられていたと思います。
②→狭義
③「易々と」は「たやすいさま」なので、文脈的に、「安易な」などの方が合うでしょうか。
④「する時期に、」など加える。
⑤全ての人物が正義感を押しつけていたかというと、そうではない気がするので、ここは少し幅をもたせたいと思いました。
→正義感や価値観をかざしなどとしてはどうでしょうか。
⑥このニュアンス、うまいですね。
⑦開催が迫る時期ではなかったはずなので、カットする。

らの時代にふさわしくないと考えだす。そして性的搾取に繋がるのでは、とも。女性に向けられる性的な目線に嫌悪感を抱く彼女。その思いは、日々増していく。交渉の結果、ミスコン廃止、初のダイバーシティフェス開催が決定した時、彼女は会心の笑みを浮かべたに違いない。⑧男性へのトラウマを昇華させる意味も込めて、ダイバーシティフェス、つまり「多様性を称える祝祭の場」を創り出した。知らないことは、⑨彼女にとってその事象が世界に存在しないと同義である。⑩つまり、⑪同級生の諸橋大也の事を理解しているつもりが、無自覚にも自らの創造する都合の良いカテゴリーの中に押し込んでいる。八重子の本性を最も身近で見た大也は、そう感じていた。2人の関係は、学園祭実行委員と、ステージの出演者。彼の所属するダンス部「スペード」はダイバーシティフェスの出演依頼を受け、⑫初めて彼女と出会ったのだ。八重子は、自分がトラウマを抱えて以降、唯一怖くないと思えた相手だと好意を寄せるが、大也は多様性を認め合う大切さを説く彼女に嫌悪感を抱く。自分の事をマイノリティにすら入らない存在と自覚していたからだ。多様性とは、マジョリティから見たものでしかない、と。だが何も知らない彼女は、彼にも乗り越えるべきトラウマがあると思い違いをしていた。同志として共に戦える存在だと信じていたのだ。

⑧八重子自身の話だと明確にするために、
↓自身の男性へのトラウマを昇華する意味も込めて、
とします。

⑨逆にここは、一般論として言えることだと思うので、「彼女にとって」をカットします。

⑩「つまり」が少し前にあるので、ここではカット。

⑪一文前で「彼女」をカットしてしまったので、「八重子は」と入れます。

⑫「出会う」が、直接の対面か、一方的な出会いかによって変わってくるとは思いますが、誤解のないようにしたいです。八重子は、大也が自らの意思ではなくミスコンに出場させられたときから、好意を寄せていた、という内容が加わった方がわかりやすいのではないでしょうか。

それから一年経ち、偶然にも同じゼミに配属された2人は再会を果たす。幾度か会話を交わすが、自分を受け入れる世界は無いと思う彼は、彼女が放つ一点の曇りもない無邪気な善意に嫌気が増す。ラストでは、多様性は幸せを意味すると一貫して主張する彼女に、ついに怒りを露にする。「お前らが想像すらできないような人間はこの世界にいっぱいいる。」と。自分の持つアイデンティティが周囲とは違うと疎外感を覚える彼と、自分もトラウマがあり、その悩みに寄り添えるはずだと思い込む彼女。八重子の行動が功を成したのか、是非本文で確かめてほしい。

確かに多様性には、互いに支え合い認め合うといったイメージがある。しかしそう思う人こそ本書を読むことをお勧めする。本当の多様性とはいかに胸が詰まるかを、示唆してくれることだろう。

▼最終稿は68頁をご覧ください。

POINT

よくまとまっていました。登場する人全員を説明するのではなく、本の全体像を紹介した後で、八重子と大也に絞って書いたところも、書評の構成としてよかったと思います。

●書評した本
珠川こおり著『檸檬先生』
●書評した人
渡辺 楓（二松学舎大学文学部1年）

色って何だろう。人って何だろう。普通って何だろう。
①「檸檬先生」は、この本を読み終えた私に②たくさんの疑問を投げかけてくる。「少年」もまた、迷っている。少年が③「普通」へと変貌を遂げた今だからこそ、④私は少年に共感し、同じ悩みを持つことができる。少年が先生と出会った時のように。
本書は、小中一貫校に通う小学三年生の「少年」が⑤中学部に通う少女、「檸檬先生」との出会いをきっかけに起こる変化を描いている。二人の「変わり者」は周りの環境に振り回されながらも時間を共にし、お互いに影響を与え合いながら様々な体験を重ねてゆく。二人は育った環境も年齢も全く異なるが、「共感覚」という一本の糸で繋がっていた。しかし、その糸は時間の経過とともに細く、脆くなってゆく。

「意味のある奴には色がある。私は透明なんだよ」

「そんなことない」

編集部コメント

①ここでの檸檬先生が、彼女自身のことを指しているならば「　」で、本書を指しているならば『　』で括ってください。
②本の視点人物も「私」なので、混同する可能性が出てくるため、書評の書き手は「筆者」（渡辺さんのこと）とします。
③間違っているわけではなく、ニュアンスの問題ですが、変貌を遂げるは、「めざましい成長をすること、全く別の姿かたちになること、あるいは全く新しいものに移り変わること」の意味で、この文脈の場合もう少し自然な変化と見てもいいのではないかと感じました。たとえば、「普通に成長した今だからこそ」とか？
④ここは少し意味がとりにくく感じました。少年が普通になったからこそ、筆者は少年に共感ができる。でも先生と出会ったときの少年は、普通ではなかったわけですよね？　その辺りが、文章の上で捻じれてしまっている気がします。渡

「そんなもんなの」

「でも先生は、きれいな檸檬色をしてるじゃんか」

「あのね。全部が共感覚で片付くと思うなよ」

　先生の発した「透明」という表現。それを何とかして否定したい少年。この短い会話からも、二人の言葉にならない関係性がうかがえる。中学三年生にしてすでに自分と人生を達観している先生のやるせない気持ちと、ひたすら真っ直ぐに先生を見つめる少年の視線が交錯し、すれ違うさまを見るのは読者としては苦行に他ならない。しかし、結局最後まで目が離せないのは言うまでもない。

　芸術とは何か。先生と少年が文化祭で共同制作した共感覚アートは、⑥不特定多数の人間からすれば個性の塊である。ただしそこに一切の商品性はなく、二人が表現したい世界観を放出したに過ぎない。⑦共感してほしいなどという思いは微塵もないからこそ生まれた産物である。⑧表面は共感覚を使った非現実的なアートで、裏面には少年による共感覚としての現実的なスピーチ。その二つがあって初めて、彼らの芸術は完成した。友達でもない、親友でもない、名前も知らない。家族、兄弟とも違う二人の何とも言えない関係。自らの特性を生かし、⑨芸術に昇華させるという大技を成し遂げた二人を目の当たりにして、我々は何を思うのが正解か。檸檬先生は、どんな結果

辺さんの中では理屈が通っているのだと思いますので、少し表現を工夫してみてください。

⑤→に
一文が長くなったときに、主従の関係を、ときどき振り返って確認するとよいですね。ここでは「本書は――描いている」「少年に――起こる」とかかります。あるいは、「小中一貫校に通う小学三年生の「少年」が、中学部に通う少女「檸檬先生」との出会い、それをきっかけに変化する様子を描いている」という整理の仕方もあります。

⑥「不特定多数の人間からすれば」「ただし」「一切の」などは、ないほうが文章が読みやすくなる感じがします。なるべくシンプルな文章を目指しましょう。

⑦言葉の意味が重なるので、「生まれた」をカットして、→こその産物　とする。

⑧実際に、表に絵、裏にスピーチが書かれているのかと勘違いしそうです。明確にするためにたとえば、
→共感覚を使って色を重ねていく非現実的なアートに、少年による、共感覚と作品についてのプレゼンが加わる。
など。本文に即すのがよいのでは？

⑨「我々」とは誰を指すのか。見知らぬ読

を望んでいたのだろうか。

色って何だろう。人って何だろう。普通って何だろう。

何度考えても答えの出ないその問いは、「普通」の人間である私には分からない。少年も、力いっぱいスマホを耳に当てながら必死になって思考を巡らせたのだろう。それでも、もう遅いのだ。先生はこんな時に、何も教えてくれない。

「世界が、色づいている。」

「ねぇ少年、この世界はモノクロだよ。」

二人を繋いでいた糸が切れる音が、読者一人一人の頭の中でどのように響くのか、とても気になった。⑩

▼最終稿は72頁をご覧ください。

者を「我々」に含めるのは変ですし、「何を思うのが正解か」もいらない気がします。本の読み方、感じ方に正解はないからです。
⑩もう少し具体的に粗筋を書くことで、本書の内容を伝えられるといいですね。たとえば少年の家庭環境のこと。あるいは共感覚で気持ちが悪いと感じるから、授業に行かないこと。二人で作った共感覚アートについて掘り下げているのはいいと思いました。加えてもう少し些細な二人のやりとりを、具体的に紹介する。情報を増やすことで、二段落目で書いてくれている「「共感覚」という一本の糸で繋がっていた。しかし、その糸は時間の経過とともに細く、脆くなってゆく」という部分の実感を、未読の人ももちやすくなると思います。

POINT

この作品は、最初に衝撃的な結末がくる作品なので、書評をするのにいろいろ考えたのではないでしょうか。デリケートなところのネタバレを避けるという選択は重要な判断だったと思います。ただその最も衝撃的な冒頭は伏せるとしても、もう少し具体的に粗筋を書くことで、本書の内容を伝えると、書評に説得力が出てくると思います。頑張ってください。

●書評した本
安部 公房著『砂の女』
●書評した人
桑原 誠（名古屋経済大学法学部４年）

①ロックの提唱した生命、健康、自由、財産の権利を信託する社会契約論は、「自由」な社会であるのか。

男は休暇を利用して昆虫採集、特に環境適応能力が高いハンミョウを探しに砂丘を訪れた。男はこの砂丘で奇妙な光景を目にする。蟻地獄のようなすり鉢状の穴の中に一軒の家が建っていたのである。②男は穴の中にある家を凝視していたところ、村の住人には③なしかけられる。④「けど、上りのバスは、お終いですが……」⑤と今日はこの村から出られないことを男に伝える。村人はこの村でよければと男に言うと、男は興味本位で承諾した。

村人が紹介してくれたのは、穴の中で一人暮らしをしている30歳前後の女が住む家だった。⑥穴の中に通じる梯子で穴の中に降りると、家は異様な状態だった。砂に浸食され、柱はゆがみ、窓は板が打ち付けられ、畳も腐る一歩手前だった。我慢しかねる住居だったが、⑦一夜も得難い経験だと自分に言い聞かせた。⑧生活を始めると砂に翻

編集部コメント

①冒頭に、小説とは全く違うものをもってきていて、びっくりしましたが、面白い始まり方ですね。

②「男は～」からはじまる文章が続いています。違う表現に変えて、文章に動きがつくれるといいです。

③ひらがなが重なると、読みづらいことがあります。ここは漢字で「に話しかけられる」にしましょうか。

④引用はしっかり確認しつつ、引いてくださいね。↓「上りのバスは、もう終《しま》いですが……」

⑤言葉が足りないように思います。「村に一泊することに承諾した」という点を加えるといいです。

⑥言葉が重なってしまっているので、「穴の中に通じる」をカット。

⑦「ここで過ごす」と入れる。

⑧ここも「生活」が重なるので、カット。なるべく一文の中で、同じ言葉が入らないようにすると、読みやすい文章になります。

弄された生活だった。天井から砂が降ってくるため、傘を差しながら食事をする。服を着たまま汗をかくと砂かぶれになるため全裸で寝る。さらに男が驚いたことは、雪搔きならぬ砂掻きを毎夜しなければならないことだった。夜に湿気を含んだ砂は朝になると乾く。乾いた砂は、砂雪崩になって家をおそうのだ。男はこの村にいるのは今夜だけなので砂掻きを手伝う。⑨

朝起きると昨日砂の中に降りるときに使った縄梯子がなくなっていた。男は穴から出ようと、砂を駆け上るが砂が流動して登れない。そして砂の中での生活が本格的に始まる。男は脱出を試みるが、果たして蟻地獄の外に出られるのか。

砂の中の生活では女も耐え難かった。⑩女が時折男の脇に指を入れ誘惑する場面がある。⑪性行為に誘惑する意味は物語の中に述べられている。「枯れはじめた笹は、あわてて実を結ぶ……飢えた鼠は、移動しながら、血みどろな性交をくりかえす……」。つまり絶望的な状況に陥ると性行為をしたくなる。⑫女もこの生活が苦しみに満ちているのだ。だが、なぜ女は苦痛の砂の中から出ようとしないのか。

何度も脱出を試みて、失敗する男は、なぜ砂の中から出ようとしないのか女を問い詰める。「本当に、さんざん、歩かされたものですよ……ここに来るまで……子供をかかえて、ながいこと……もう、

⑨→手伝った。
⑩厳密には「脇」ではなく「脇腹」です。それから、確かに誘惑なのですが、それを明確に書いてしまうと、微妙な関係性が崩れてしまうようにも思え、誘惑と書かずに感じさせるのがよいのかもしれない、と私は思いました。本文をそのまま生かし、たとえば、
→脇腹にくすぐるように指を指しこんでくる場面がある。など
⑪この一文もなくていいかも。
⑫ここも、「苦しみに満ちている」と言い切ってしまっていいのかなと……。桑原さんが書いているように、女はハンミョウのように生活に慣れ切ってしまっていて、この生活こそが、今ではある種の幸福なのかもしれません。客観的に快適とはいえない生活なので、そのあたり明確にせずとも、感じさせることができるのではないでしょうか。
⑬女とハンミョウを重ねている点、いい読解ですね。こういう細部を大事に読み込めるのはいいですね。
⑭男手のある家には、タバコと酒、とあったので正確に書くと、「食料や水が、さらに男手のある家にはタバコや酒」。なるべく文中の表記とあわせて、煙草は「タバコ」にします。
⑮最後に、自由について触れている点もよかったです。ただ男も最後には結局、偶然手に入れた逃げるチャンスを摑もうと

ほとほと、歩きくたびれてしまいました……」。女は答えた。つまり、⑬たくさんの選択をしないで生きられるのが砂の中であるのだ。女はそんな過酷な環境にハンミョウのように適応してしまったのだ。実際に物語では、砂掻きという仕事をしていれば、⑭食料やたばこ、酒、漫画や新聞まで村から配給される。

本書を読み終わり、社会の在り方についてはもちろんのこと、「自由」の本質について考えさせられた。本書を読むまでは⑮「自由」の音の響きからしがらみがなく、たくさんの行動の選択があること。私はまさに主人公の男の考えであった。しかし本書を読んでからは監獄のように縛られた生活が「自由」でもあるのだと、女の考えになった。

▼最終稿は88頁をご覧ください。

していませんよね。ネタバレにならないようにしつつ、何か一言加えてもいいのかなと思います。

少し文章を整えると

↓「自由」の本質について考えさせられた。本書を読むまではしがらみがなく、行動の選択肢がたくさんあることが自由だと、まさに主人公の男と同じ考え方をしていた。しかし本書を読んでからは、ある種の監獄のように縛られた生活も、女と同じ「自由」なのかもしれないと、女と同じ考えになった。という感じになるでしょうか。

POINT

冒頭も工夫されていましたし、自由についての読解も、興味深いものでした。文章はたくさん書けば、どんどん上達していきますので、これからも読んで、書いていってください。

●書評した本
角田 光代著『笹の舟で海をわたる』
●書評した人
長田 愛唯花（二松学舎大学文学部国文学科1年）

①
②『笹の舟で海をわたる』は、『対岸の彼女』『八日目の蝉』で有名な角田光代さんの長編小説です。③主人公・左織は戦争経験者で、④現代の時間軸から過去の話へ行きつ戻りつしながら左織の視点で語られます。

若かったある日、左織は銀座のデパートで疎開先の知り合いと名乗る風美子と出会い、縁あって義理の姉妹となります。⑤風美子は煌びやかで、料理研究家としてテレビや雑誌で取り上げられるほどの才覚を持つ女性。かたや左織は、自ら〈だれにでもできることをくり返しているだけ〉と評すほど平凡な主婦です。

しかし左織の人生は、決して順風満帆ではありません。実家との疎遠、義母との難しい関係、夫や子どもとの距離。さらに風美子と出会ったことで、たびたび疎開先での苦い経験を思い出すことになります。目を離せないほどの勢いで物語が畳み掛けるなかで、風美子だけは変わらず傍に居続けます。数々の作品で女性たちの複雑な⑥

編集部コメント

①物語をよく読みこめていたと思います。書評では、「ですます」調が悪いわけではないのですが、「である」調の方が一般的かもしれません。どちらを選択するかはお任せします。

②海外のあまり知られていない作家などを取り上げるときには、他の著作を紹介することがありますが、こうした周辺情報は、必ずしも入れなくてもいい内容です。

③確かにそうなのですが、まっさきに「戦争経験者で」とくるのに違和感がありました。その後の部分に「疎開先」という言葉が出てくるので、ここでは書かなくていいのではないでしょうか。

④一方「夫を亡くし一人で暮らす六〇代の主人公・左織の視点で」など、現在の左織がどういう立場の人なのかがわかるとよりいい気がします。また、「行きつ戻りつ」というほどには、現代と過去を往復しておらず、過去の記憶を呼び戻して

関係を巧みに描く角田さんですが、とりわけこの物語で際立っているのは、風美子からの視点が一切ないことです。

左織は度々風美子について考察します。〈病気も怪我も、老いすらも関係なく生きているよう〉で、⑦終盤では〈ほしいものを手に入れて、いらないものを切り捨てて、雑草でも毒でも食べて栄養にして、平然と奇跡を起こし続ける〉と評されるほど、⑧はつらつとしている風美子。しかし彼女が何を考え行動しているのか、小説のなかで明かされることはありません。また左織には、風美子のような強さもありません。そのため、左織は〈私はあなたのそういうところがぜんぜん理解できない〉とまで言うほど彼女について悩み悶えることになります。

左織は、自分自身のことについても振り返り、内省します。左織は昔の女性らしく従順で、あまり自己主張をしません。⑨しかし自分の意見がないのではありません。晩年になって思い出をなぞることで、自分や他の人について考えを深めていきます。その際、とりわけ彼女を縛るのは、悪いことをすると報いをうけるのか、という疑問です。私たちは理不尽な出来事に向き合ったとき、しばしばこの考えに陥ります。左織は自分の身に起きたことを振り返り過去の行いを省みて、〈悪いことをしたら不幸になるのでも、いいことをし

いる時間が多いので、少し表現を変えた方がいいと思います。

⑤説明の展開が急すぎる感じがありました。このままだと風美子が最初から料理研究家だったように見えますが、その前に、キャバレーのホステスをしていた、などと加えてもいいかもしれません。

⑥概要がうまくまとめられています。ただ文字数も少し余裕があるため、部分的でよいので、もう一歩突っ込んで書いてもいいと思います。繰り返し、左織の風美子に対する戸惑いが描かれていますよね。一緒にいてくれてうれしい反面、なぜ？という不可解な気持ちが左織には常に見られます。一つでいいので、その具体的なシーンやできごとを加えると、引用されていた〈あなたのそういうところがぜんぜん理解できない〉の「そういうところ」が明確になり、未読の読者にもより本書の内容が伝わるのではないでしょうか。

⑦「終盤では」が説明的で、はじめはいらないかなと思ったのですが、よく考えると、左織の風美子への評価が、少し変化しているところを長田さんは表したかったのかな、と思いました。その差異のようなところを、もう少し明確に書いても

たから幸せになるのでもない。そのどちらもが、人生に影響など及ぼさず、ただ在るのだ〉と悟りを得ました。この結論は、とても現実に則して的を射ていると思います。

その意味で⑩『笹の舟で海をわたる』は、単なる勧善懲悪のストーリーではありません。頼りない主人公・左織を笹舟にたとえ、善悪の外から我々に海のわたり方の一つを問いているのです。

▼最終稿は94頁をご覧ください。

よいかもしれません。

⑧「はつらつ」はいい意味合いの言葉です。「雑草でも毒でも食べて栄養にして」という言葉は、手放しでほめるというのではない含みがあるので、同じような意味ですが、「エネルギーに満ち満ちた」というような表現だと合うかもしれません。この考察の一連を、もう少し丁寧に書くと、この小説自体についてより伝えることができるかもしれない、と感じました。

⑨このあたりも、どんなふうに自分の意見をもち、あるいは考えを深めていくのか、具体例があるといいのではないでしょうか。

⑩→本書

POINT

最終的な左織の悟りは、よい読解だったと思います。よく読めていましたし、粗筋もうまくまとまっていましたので、さらにもう少しだけ細部を描き込むと、より伝わるいい書評になると思います。

あなたの**書評**が**新聞**に載るビッグチャンス！

書評キャンパス
2024
執筆者大募集

本が好き！
新聞に名前を残したい！
自分の文章力を試したい！
どんな動機でもかまいません。
学生時代の思い出づくりに
一歩踏み出してみませんか？
あなたの書いた書評が
誰かに人生を変える本との出会いを
もたらすかもしれません。

お問い合わせ先

株式会社読書人　書評キャンパス担当
TEL03-5244-5975（平日 9：30 ～ 17：30）
email : campus@dokushojin.co.jp

第3部

書評キャンパス
スピンオフ

二〇二一年に読書人、日本財団共催で始まった「読書人カレッジ」。「週刊読書人」では六〇年余にわたり紙面上で名著を紹介し、読書を勧めてきましたが、本事業では、読むこと、書くこと、思考することについて、読書のエキスパートたちに、講座の形で大学生へ直接伝えていただいています。その中から、明治大学図書館で同校の学生を対象に行った二つの講座を載録します。

◇読書人カレッジ@明治大学図書館　杉江松恋氏講座

「書評のために読み続ける　その本に選ばれるために」

杉江　松恋氏
（撮影・川口宗道）

§書評は「読むという行為を応援する」もの

書評家の杉江松恋です。

私の役割は、書評というジャンルを通じて読書を考えることです。そこで、書評そのものを私がどのように考えているのか、まずは明らかにしておきたいと思います。書評家・豊﨑由美さんは、『ニッポンの書評』（光文社）の中でこう述べています。

「わたくしはよく小説を大八車にたとえます。小説を載せた大八車の両輪を担うのが作家と批評家で、前で車を引っ張るのが編集者（出版社）。そして、書評家は後ろから押す役目を担っていると思っているのです」

これは書評に対する一つの考え方です。書評は、自分自身で何かを作り出すというよりは、読むという行為を応援する。そういう意味合いが強いものなんですね。

もう一つ、書評について言っておくべきことがあります。書評と読書感想文の違いです。みなさんの中には、小学校から中学校にかけて読書感想文で苦い経験をしたという方もいるかもしれません。読書感想文は、今やフォーマットみたいなものも流通するようになっていて、「良い子の読書感想文」が評価される傾向さえあるかと思います。

しかし、そういった読書感想文と書評では、大きく異なる点がある。書評は、内容紹介を明らかにしなければならないんです。その本のあらすじをはっきり明確に伝えることが、書評の本分であり中心です。

§書評における三つの重要な要素

　丸谷才一編著『ロンドンで本を読む』（マガジンハウス）には、書評の条件が定義されています。実は書評文化が発達したのは、一九世紀から二〇世紀にかけてのイギリスなんですね。新聞に書評が載るという文化が最初に定着したのもイギリスで、この本は、その本場であるロンドンの新聞媒体に載った書評を中心に紹介したアンソロジーです。図書館で見つけたら、手に取ってみてください。

『ロンドンで本を読む』

　丸谷先生は序文で、書評の短い歴史について述べた後、その歴史ゆえに書評には三つの条件が必要だろうと述べる。書評はなぜ発達したか。これはですね、意外なことに社交界の産物なんですよ。「話題の本なのに読んでいないのか」と、今で言う読書マウンティングのようなことが当時の社交パーティー、中でも中流の上くらいの階級で人気の行為だった。読書という行為を通じ、自分がいかに知的な階級であるかを示していたんです。書評はそこから、力を得ていきました。

　さて、丸谷先生が考える書評の重要な要素。一つ目は「内容紹介」です。社交界の会話に使うものなので、作品のディティールがきちんと伝わるものでなければならない。これが書評の第一の役割であり、最低限の条件です。二つ目は「価値評価」。読者は忙しい中を縫ってその本に時間を割くわけですから、読むべき本かどうかという価値判断が大変重要になる。三つ目が「レトリック」ですね。紹介している本を読みたいと思わせる、優れた文章の力が書評には求められます。

　私が重要だと考えているのは、「内容紹介」と「価値判断」です。価値判断の根拠になるのは紹介するあらすじなので、この二つは不可分の関係にある。内容紹介のない書評というのは、ちょっと困ります。

　これらが基本的な要素になりますが、かといって書評に一つの決まった形や必ず踏襲すべき形式はありません。書評はですね、かなり自由度が高い。もっと言えば、規則がなく、定められた評価基準もない。丸谷先生が述べた三点以外でいい書評を判断するのは難しいと、私は思っています。

§読みときの異なる二つの書評——宮内悠介『ラウリ・クースクを探して』

実際に、評者によっていかに書評がバラバラか示す例を挙げてみましょう。

二〇二三年八月に、作家の宮内悠介さんが長編小説『ラウリ・クースクを探して』（朝日新聞出版）を刊行しました。宮内さんはＳＦ分野でデビューされたのですが、吉川英治文学新人賞や三島由紀夫賞などを受賞していて、純文学の世界でも高く評価されている。そんな宮内さんの『ラウリ・クースクを探して』は、一九七七年、まだソ連の一部であったエストニア生まれのラウリ・クースクという青年がどんな生涯を送ったかという、架空の人物の評伝小説です。

今から、この本の書評を二つ紹介します。一つは、「好書好日」というサイトに私が寄稿した書評。もう一つは、ゲームクリエイターの米光一成さんが「週刊文春」に寄稿した書評です。

『ラウリ・クースクを探して』

書評家・杉江松恋「日出る処のニューヒット」（第6回）
https://book.asahi.com/article/15008842

私の書評では、まずラウリの人生に触れています。ラウリは言葉は苦手だけれど、コンピュータ言語が得意で、プログラムのコンペティションで三等に入賞した経験もある。そんな彼の評伝である本作は、名前の明かされない〈わたし〉がラウリを知る者に、彼の人生を尋ねていく形で進んでいきます。この「叙述の形式」がポイントだと、私は読んだわけですね。

次は、米光さんの書評です。米光さんはゲーム「ぷよぷよ」の作者で、現在もゲーム作家として大変人気がある方です。最近は、文芸活動も行っていますね。その米光さんが本書を紹介すると、こういう書評になります。

文春図書館　今週の必読　米光一成が『ラウリ・クースクを探して』（宮内悠介著）を読む
https://bunshun.jp/articles/-/65914

米光さんは、ご自身が初めて使ったコンピュータと、ラウリが使っているものが同じＭＳＸ（最初のパーソナル・コンピュータ共通規格）だったという点から、本作を読み解いている。物語を読んだときの自分の没入感を書いています。

プログラム言語を書くことのできる米光さんと、そちらの分野にはまったくの素人である私では、各要素の読み方も取り上げる箇所も、解釈も異なっていることがよくわかると思います。ちなみに私はＭＳＸに関しては明るくないので、自分の書評でもその点は省いています。専門的な知識以外の要素——語りの形式やラウリという主人公を通じ、作者が表現しようとしていることに客観的な評価を与えるつもりで、この書評は書きました。

§書評家の職業病

読み解きは異なりますが、両方とも書評としては正しいものです。『ラウリ・クースクを探して』は多面的な小説なので、読み方は複数ある。そして、読む価値があるということを表現するための道筋も、一つではありません。優れた小説ほど読み方は複数あって、それこそが読書の楽しみでもあります。

書評とは、多様な読みの中で自分の読み方を開陳する行為です。限られた文字数で、どうやって自分の読みを表現したらいいか。書評家は、常にそのことを考えている。そのため——というか、これは職業病なのですが、私も含め書評家は「これは書評できるか」を考えながら、本を読みます。自分には書評できないと感じて、読むのを諦めた本もあります。

亡くなられた目黒考二こと北上次郎さんは、みなさんの大先輩で、明治大学出身の文芸評論家です。北上さんとは付き合いも長く、生前にいろいろとお話しする機会がありました。北上さんは「俺には向いてない」と言って、その作家の本を読むのを止めることがよくあった。「この作家についてはもう書くことがないから、書評はしない」「この本は面白かったけど、自分が書評を書くにはフックになるものが見つけられなかった。面白かったとしか書けないから、書かない」と言っているのを聞いたことがあります。面白く読んだにもかかわらず、書評をしなかった本がかなりある人です。それも、自分の読みを確立するための一つの見識です。

§着地点の見えない小説

話を『ラウリ・クースクを探して』に戻します。多面的な読みができはしますが、物語構造自体は複雑ではありません。一九七七年に生まれ、コンピュータの技術者になった青年の人生は今、どうなっているか。それを現在の立場から追っていくという構成なので、どう書評すればいいか、着地点の検討はつけやすかったです。

一方で、着地点が見えてこない小説も世の中にはありますよね。特に純文学の世界では、全体を読み通してなお、作者の言いたいことがよくわからない本がある。この、着地点を見せずに話を引っ張っていくやり方は、小説技法の一つです。サスペンスと言うと、わかりやすいでしょうか。

ただ、「サスペンス」という言葉からは、サスペンスドラマのような内容を想像するかもしれません。今日は、そういう「サスペンス」ではない例を一つ紹介します。田中兆子さんの『今日の花を摘む』（双葉社）という小説です。

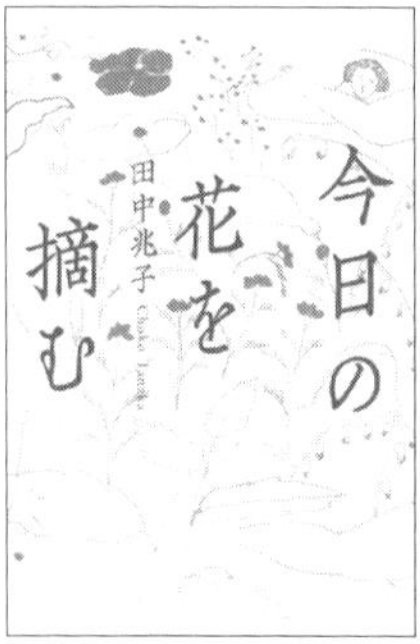

『今日の花を摘む』

田中さんは、二〇一一年に「女による女のためのR‐18文学賞」の大賞を受賞し、デビューしました。新潮社主催のこの賞は、書き手も審査員も女性に限定されています。R‐18文学賞ということで、性の問題や性行為、ジェンダーの問題など、性を切り口に社会を描いた受賞作が多いです。

田中さんの作品に、『あとを継ぐひと』（光文社）という連作短編集があります。「あとを継ぐひと」とは後継者という意味で、この作品ではいろんな〝あとを継ぐ人〟が描かれる。収録作の一つに、「若女将になりたい！」という一編があります。最初に読んだときは、衝撃を受けました。

とある老舗旅館の跡取りは、女将さんになるために仲居の修業をしています。当人は非常に頑張っているのですが、両親はなぜかすごく冷ややか。というのも、女将さんになりたいと言っている跡取りは〝息子〟だからです。主ではなく、女将として旅館を切り盛りしようとする主人公に、周囲の人間は戸惑いを覚えている。そこを舞台に、ジェンダーやトランスに関する問題などが軽やかな語りで描かれます。

§『今日の花を摘む』の意外性

さて、『今日の花を摘む』という小説ですが、表帯にはこう書かれています。

「茶室で愛とセックスを語る男と女」

「この世界にいるときだけ、あなたは私のものになる」

この帯文だけ読んだみなさんの脳内には、あるイメージが形成されたのではないでしょうか。非常に秘めやかなものを扱った、性愛小説のようなもの。あるいは、女性の性を描いた小説。私自身、この帯を見ているので、そのような構えで物語を読み始めたわけです。

主人公は、出版社に勤務している草野愉里子です。新宿区の中堅出版社ということなので、おそらくモデルは版元の双葉社でしょう。ヘバーデン結節がちょっとした悩みの種になっている五一歳の彼女は、制作部の課長です。制作部は本の紙を決めるなど、物としての「本」を作っていく部署ですね。

草野は一夜限りではない、けれどもステディな関係にはならないまま、複数の異性と性関係を結んでいます。ですが物語の冒頭で、そのうちの一人が彼女に執着し、それがためにその男と決別するという場面が描かれる。男にしつこく迫られた草野を助けたのが、万江島という七〇歳の男性でした。草野は彼が主催する茶会を手伝う近い関係にあり、自分がどんな男性と付き合い、どういう性関係を結んでいるかを万江島に語るようになります。

そうこうするうち、二人の間にはだんだんとあやしい雰囲気が漂っていきまして、ついに七〇歳の万江島と五一歳の草野は結ばれる。これが、序破急でいうところの破の頭ぐらいです。やっぱりそういう話になったんだ、と思いますよね。

しかしこの後、物語は意外極まりない展開へ進んでいく。読む楽しみを奪いたくないので、ここで詳細は明かしません。ただ、ちょっと暗示するような言い方をすると、「女による女のためのR-18文学賞」出身の作者だからこそ、こういう着眼点で五一歳の女性を書いたのだろうという方向へ、物語は広がっていく。R-18文学賞という賞の在り様みたいな部分も含め、広い視野と深い考えをもって、田中さんは書いているという意味です。

§「がわ」だけで判断するつまらなさ

おそらく田中さんが『今日の花を摘む』で一番描きたかったのは、この意外な転換の場面です。けれども、そこは小説のパッケージからは一切見えないようになっている。帯は、いわば小説の「がわ」です。「がわ」を見て、「このような物語だろう」と決めつけていた私の頭は、実際に小説を読んでものすごく裏切られた。テキストに没入していく中で、先入観が洗い落とされていったわけですね。

自分がどういう考えをもって、小説を読んでいるのか。これは、書評を書くにあたって重要な意味をもちます。作品を読んで感じた驚きや感覚、作者がなぜそういうフックを設けたのか。それらを考えることは、小説の構造に迫ることでもあるんです。

小説の中には、考えるまでもな

くテーマが明示されているものもあります。作者の描きたいものや訴えたいことが、明確に展開される本もある。たとえば、社会の不平等を小説の構造を通じて直接的に訴える作品があったとして、私はその作品のことをまったく否定しません。小説の一種類として、あって然るべきだと思います。

けれど、小説の中身まで、パッケージやレッテルで判断することは非常につまらない。作者の情報や著作などはいったん置いて、今読んでいるテキストだけでまずは判断する。最初に作品にあたるときは、できれば予備知識は一度横に置いて、テキストだけに没入して読むようにしたい。それが書評家としての私の姿勢です。

§レイモンド・チャンドラーは「男の美学」の象徴か?

これには、過去の読書体験が影響しています。レイモンド・チャンドラー "The Long Goodbye" を読んだことがある方は、どのくらいいるでしょうか。フィリップ・マーロウという私立探偵が活躍する、ハードボイルド小説シリーズの一冊です。作家の村上春樹さん訳による『ロング・グッドバイ』のタイトルで、見かけたことがある方が多いかもしれません。

この作品を日本で最初に訳したのは、清水俊二さんという映画字幕翻訳者です。一九五八年に、『長いお別れ』というタイトルでハヤカワ・ポケットミステリから刊行されました。清水さんは一九五〇年代当時の日本人にはわからないであろう原文の表現を、情緒的な言葉に上手く置き換えて訳している。大変にいい訳です。

その次、二〇〇七年に刊行されたのが村上春樹さん訳の『ロング・グッドバイ』(早川書房)です。清水さんと違い、村上さんは逐語に近い形で訳している。清水さんが訳した時代の日本人には伝わらなかったであろうことが、村上さんが翻訳を行う時代にはある程度、わかるようになっていたからです。

村上訳が発売になったとき、私よりも上の世代が「やっぱり清水訳だよな」とよく言っていました。「チャンドラーは男の美学の小説だから、清水訳じゃないとダメだ」って言うんですよ。事実、私が大学時代を過ごした一九八〇年代当時、チャンドラーは「男の美学」「ロマンティシズムの象徴」のようにもてはやされていました。

そのイメージが頭にあって、私は長い間チャンドラーと向き合えずにいた。しかし、二〇二二年に、翻訳家・田口俊樹さん訳の『長い別れ』が創元推理文庫から刊行されることになりました。解説の執筆を依頼されたこともあり、過去

『長い別れ』

のイメージを払拭する良い機会だと思って"The Long Goodbye"のすべての訳を読むことにしたんです。田口訳、村上訳、清水訳、原書を並べ、一章ずつ、比較しながら読んでいきました。すると、チャンドラーがしたいことは、「男の美学」とは少し違うのではないかと思いました。

§ 頭に入っている情報を一度取り去る

原文では、主人公であるマーロウの表面的な感情——怒ったり、しらけたり——には言及しています。ですが、マーロウの奥底にある、深い自我に関しては書いていない。どういう傾向の感情を抱いているかはわかるけれど、それに対する深い説明はされないまま、叙述が続いていきます。清水さんはそれを情緒的に、村上さんはそのままに訳しているんです。

清水訳と村上訳、はたしてどちらがチャンドラーの目指したものに、より近いのか。それぞれ比較しながら読んだ私の結論から言うと、どちらも正しい。強いて言えば、村上春樹は一人称の視点を置くことで、そこに登場人物と作者の距離を考えていった。

村上さんは、書くという行為そのものが『ロング・グッドバイ』という小説の本質であると読んでいます。村上訳に収録されている「訳者あとがき」はなんと一〇〇頁近くあって、村上春樹のチャンドラー論になっています。しかも、普段の村上春樹らしからぬ、興奮しながら文を綴っている様子が伝わってくる。村上さんが小説以外の文章で、ここまで熱を入れているのは珍しいので、機会があれば読んでみてください。

すでにたくさんの「解説」がある中で、田口俊樹さん訳の文庫解説では、どういう読みを付け加えられるか。悩んだ末、「最初に作品にあたるときは、できれば作者についての予備知識は一度横に置いて読む」という考えに辿り着きました。チャンドラー＝男の美学の象徴のように捉えてしまっていたけれど、実際の作品では少し違うことをしている。私自身の気づきをもとに、解説を執筆しました。

頭に入ってしまっている情報を一度取り去ることは、テキストを読む前に行うべき大切な作業です。その作業によって、自分の文章が誰かの借り物になるかならないかが決まる。私の解説では、小説の構造からテキストを細かく読み砕いていったつもりです。それが借り物になっているかは、みなさんに判断いただければと思います。

§視点をバージョンアップする——デイヴィッド・ロッジ『小説の技巧』

まだ少し時間があるので、最初に紹介した丸谷先生の話に戻りますね。丸谷先生は書評家のすべきことについて、とっても勇気の湧くことをおっしゃってくださっています。小説であれば文学者、論文であれば学者というように、本は専門の方が書くものです。書評家はそうした専門家ではないので、どこからか知識を借りてこざるをえない。しかし丸谷先生は、そのことを肯定しておられます。書評家も最先端の知識や学説に触れることが大事で、それをちょっと拝借する。ただし、それがそのまま自分のものにはならないことを理解しておく。常に最先端の学説に触れ、ちょこっと知識をお借りしつつ、自分の書き物に活かす。そうやって視点をバージョンアップしていくことが大切なんだとおっしゃっているんですね。

そのための参考となる本をいくつか紹介します。

まず、絶対に読んでいただきたいのが、デイヴィッド・ロッジ『小説の技巧』（柴田元幸・斎藤兆史訳、白水社）です。小説の技巧とはどういうものか、実験小説の書き手でもある英国作家のロッジが実例を挙げながら紹介していく評論集です。

たとえば「間テクスト性」について、ロッジはジョゼフ・コンラッドを引き合いに出して語っている。他にも、「マジック・リアリズム」「エピファニー」「言外の意味」など全五〇項目が並べられています。ブックガイドにもなるし、小説の技巧についても勉強になる。私も時々、自分の解釈が間違っていないか本書に戻って確認しています。

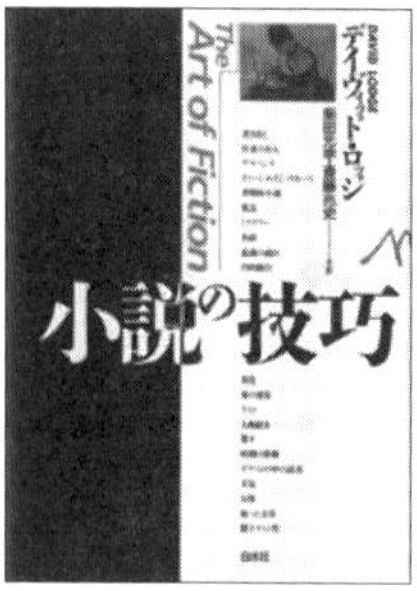

『小説の技巧』

§「ものさし」として応用する——フレデリック・モンテサー『悪者の文学』、岩尾龍太郎『ロビンソン変形譚小史』

次は、イギリスの小説を読む上で参考にしてほしい一冊です。フレデリック・モンテサー『悪者の文学　西欧文学のピカレスク要素』（畠中康男訳、南雲堂）。ピカレスク・ロマン＝悪漢小説を論じた、古典的な評論です。スペインのピカレスク・ロマンがイギリスに渡り、様々な小説を作っていきました。『クリスマス・キャロル』

や『二都物語』の著者チャールズ・ディケンズなどをはじめとする、一九世紀英国小説にはピカレスクの構造を使ったものがいくつもあります。

そんなピカレスク小説の派生を知るために、応用で読んだのが岩尾龍太郎『ロビンソン変形譚小史』（みすず書房）です。ダニエル・デフォーの『ロビンソン・クルーソー』は漂流譚小説として扱われることが多いですが、実はピカレスク・ロマンの構造ももっている。帝国主義的思想に触れたピカレスク・ロマンが、『ロビンソン・クルーソー』という漂流譚へ変形し、どのようにして現在まで繋がっていくのか。池澤夏樹『マシアス・ギリの失脚』（新潮社）なども引き合いに出しながら、非常にスパンの長い評論が展開します。

こういった書籍に触れると、『ロビンソン・クルーソー』は帝国主義文学を考えるきっかけとして読むことができます。帝国主義文学は、簡単に言えば帝国主義的な発展が阻まれて失墜していくものです。その派生には、アメリカやイギリスの冒険小説、スパイ小説がある。『ロビンソン変形譚小史』に書かれている内容は、冒険小説やスパイ小説を論じるときに脳内で使うことができるんですね。

本に書かれている内容そのものを直接は使わない。けれど、そこで得た視点を他の小説を読むときに当てはめ、「ものさし」とする。わりと応用の効く方法なので、実践していただければと思います。

§知のマッサージ機のような一冊
――加藤幹郎著『映画ジャンル論』、篠沢秀夫『文体学の基礎』

お次は、加藤幹郎『映画ジャンル論　ハリウッド映画史の多様なる芸術主義』（文遊社）です。アメリカ映画を軸に、スクリューボール・コメディやフィルム・ノワール、ミュージカルなどさまざまなジャンルを整理し、その神髄や本質に迫っていく。映画に限らず、「ジャンル」というものを考える際に大変参考になります。私の場合、この本の考え方をミステリ小説を考えるときに応用しています。この作品はジャンル分けしたとき、どれに当てはまるのか。悩んだときは『映画ジャンル論』を開き、読み返しています。

世の中には、まったくわからないことを論じている本もあります。日本語で書かれているし、読んだ直後は納得するけれど、しばらく経つとまたわからなくなって読み返す。それを何度も繰り返す本がある。私にとって、篠沢秀夫『文体学の基礎　増補・文体学原理』（新曜社）はそんな一冊です。むちゃくちゃに面白い本で、小説の文体とはどういうものか、主にフランス文学の方面から読み解いていきます。
読むたびに「これで小説の文体は理解したぞ！」と思うのですが、一週間くらい経つと、またわからなくなる。そして、また読み返す……。何度読んでも頭のどこかを刺激してくれる、素晴らしいマッサージ機械のような本です。
自分にとって知のマッサージ機のような本を一冊でももっていると、小説を読むことが大変楽しくなります。私が紹介した本でなくともかまわないので、大学生の間に、そういった本を探してみてください。

【質疑応答】

——杉江さんの文章で、すごく好きなものがあります。二〇一四年に翻訳ミステリー大賞シンジケートに寄稿された、「12月21日（日）はトマス・ピンチョンの日ですよ！」です。冒頭でいきなり、「トマス・ピンチョンは怖くないんでーす！」と太字で書かれている。読んだときは、少なからぬ衝撃を覚えました。ピンチョンのような、ページ数的にも内容的にも巨大な小説を楽しく読むコツは、あるのでしょうか。

杉江　頑張りすぎないこと、時間を取ることだと思います。大学時代、担当教授に「何でも電車の中で読もうとするな」と言われたことがありました。ちゃんと机に座って読まなければいけない本もある、という意味です。ピンチョンは、まさにちゃんと座って、時間を取って読むべき作品です。
それと、ハードな小説を読むときは、メモを取ることをおすすめします。特にピンチョンの作品は、固有名詞が幾重にも織り込まれた文体なので、後から「これ何だったかな」とわからなくなってしまう。意味を取りかねていると後々読むのが辛くなるので、気になったらメモをすることが大切です。

——在学中に読んでおくべき本のジャンル、もしくは作品があれば教えてください。

杉江　大学時代と限定するのであれば、「紀要」でしょう。実は、私が大学で専攻していたのは、文学ではなく日本の中世史でした。当時は網野善彦先生という歴史学者が、ものすごい勢いで本を書いていた。ちょうどその時期に日本中世史を学んでいた私は、網野先生の代表的著作の一つ『日本中世の非農業民と天皇』（岩波書店）を読みました。
網野先生が書いていることはもちろん勉強になったのですが、参考文献に列挙されたたくさんの論文に目が留まりました。その多くは、紀要に掲載された論文だった。紀要は大学や研究機関が発行している学術雑誌で、大学教員や研究者の論文が載っています。一般の人は手に入れにくいのですが、大学図書館には各大学の紀要がたくさん揃っている。文学に限らず、どんな論文でも必ず、参考にした専門書や学術書が最後にひかれています。それを参考にすると、読書の幅を広げていく訓練ができます。

　これは、大学図書館を自由に使える大学生の特権です。大学図書館が使えるだけでも、みなさんが羨ましくて仕方がない。ぜひ、在学中に紀要に掲載されている小さな論文をたくさん読んでみてください。

――おすすめのミステリ作家を教えていただきたいです。

杉江　存命の作家についてだと捉えて、回答します。できれば一人の作家の作品をずっと追いかけてほしいので、まず、最近デビューした作家を一人。二〇二二年に『スイッチ　悪意の実験』（講談社）でメフィスト賞を受賞した、潮谷験さんです。現在、単行本は四作が刊行されているのですが、作品ごとにプロットも技術も、構造もまったく違う。私から見て、潮谷さんは過去の遺産に頼らず、自分のジャンルを作っていく人です。今からでも全作読破できると思うので、潮谷さんの作品に注目してほしいです。

　海外作家は一人を選ぶのが難しいですが……あえて難易度の高い人を紹介します。イギリスの作家アン・クリーヴスです。イギリスの推理作家といえば、アガサ・クリスティーが有名ですよね。クリスティーは、キャラクター小説の手法に、フーダニット――誰が犯人かわからないという構造をくっつけ、発展させた。現代における、その技法の最高の使い手がアン・クリーヴスです。少し難解な部分もあるかもしれませんが、挑戦してみてください。

――普段、どのくらいを読んでいるのか知りたいです。

杉江　正直、冊数はあまり基準にならないと考えています。「俺、こんなに本を読んでいるんだ」って言ってくる人、イヤですよね。私はそういうことを言う人に出会うと、「それって量？質？」と聞き返したくなる。

　ただ、質問なので本当のところを答えると、一日二冊か三冊ぐらいをずっと読んでいる感じです。私が特別なのではなく、書評家みんながそうだと思います。原稿を書いている時間もあるので、純粋に「×365日」にはなりませんけれど。その中で、『ラウリ・クースクを探して』や『今日の花を摘む』のように、構造まで深く考えながら読む小説が半分くらいある。あとは趣味のものだったり、『文体学の基礎』のような頭をマッサージする本もあるので、月に何冊というのは、正確にはカウントしにくいですね。

――他の人の書評で今まで一番印象に残ったものと、その理由を教えてください。

杉江　すでに紹介した、丸谷先生の『ロンドンで書評を読む』に収録されている書評ですね。本当に、いろんな書評が入っている。日本一の書評の見本書であり、技巧書だと思います。文庫版も刊行されているのですがそちらは抄録なので、マガジンハウスから出たハードカバーをおすすめします。

もう一冊は小林信彦『地獄の読書録』（集英社）です。一九五〇年代から六〇年代にかけて、ミステリ専門誌に連載されていた時評が収録されています。特に影響を受けたのは、ネタバラシ問題ですね。書評において、どの程度まであらすじを書いていいか、構造的な部分にどこまで言及していいか。小林先生は「全体の3分の1か4分の1まで」、それ以上はネタバラシになると定義されています。私は忠実な教え子として、書評で紹介するのは三分の一までをモットーにしています。

――たまに低評価で終わる書評もありますが、杉江さんはそういう評を書かれたことはありますか。

杉江　低評価で終わる評は、あまり書いたことがないですね。さっきも言ったように、私は「この本は読む価値がある」と薦める書評を書きたいので、低評価に終始するものはあまり意味がないと考えています。

自分が呼ばれていない本って、あるんですよ。招待されてないのに勝手にやって来て、このパーティーの飯はまずいって言って帰る人がいたらイヤじゃないですか。私ではない、他の誰かが呼ばれていると感じた本は、取り上げないし取り上げられない。もし、どうしても紹介する必要があるときは、どこかにいいところがあるはずだと考えて、そこを深掘りします。（二〇二三年十月二十日）

★すぎえ・まつこい＝書評家。書評を中心に文筆活動を行う。著書に『路地裏の迷宮踏査』『読みだしたら止められない海外ミステリーマストリード100』『ある日うっかりPTA』『浪曲は蘇る』、神田伯山との共著に『絶滅危惧職、講談師を生きる』、玉川祐子との共著に『100歳で現役！　女性曲師の波瀾万丈人生』など。一九六八年生。

◇読書人カレッジ@明治大学図書館　渡辺スケザネ氏講座
「書くことを仕事にしたい人のための読書術入門」

渡辺　スケザネ氏

こんにちは、渡辺スケザネです。ゲーム会社でシナリオライターとして働きながら（二〇二三年八月退職）、並行して書評家／書評系YouTuberとして、本の紹介をする仕事をしています。本日は、今すぐ使える、書くための読書術についてお話しします。

§そもそも書く仕事ってなに？

一口に「書く仕事」と言ってもいろいろありますよね。僕はゲームのシナリオライターであり、書評家ですが、他に小説家、エッセイスト、映画やアニメ、ドラマの脚本家、放送作家や新聞・雑誌記者、あるいは研究者も、論文や本を執筆するなど、書くことから離れられない職業です。

おそらく、この場にいるみなさんは、書くことに関心があるのだと思いますが、まずは自分がどういう「書く仕事」をしたいのかを具体的に考えてください。

自分がしたい「書く仕事」をイメージする！

それを踏まえたら、次に考えるべきは、その仕事をするために必要な「書く場所」と「書くチカラ」です。

「書く場所」について、僕個人の話から始めます。会社員としてゲームシナリオライターをしているので、書く場所を手に入れるためにしたことは就活でした。エントリーシートを出し、課題を解き、面接を突破しました（ちなみに入社の段階では、書くチカラはほとんどもっていませんでした）。

もう一つの書評家の仕事は、YouTubeという場での発信から始めて、仕事を広げていきました。

以上は個人的な話でしたが、小説家を目指すなら、デビューするために新人賞に応募するということになるでしょう。文学賞は各出版社が実施しているものの他、地方自治体主催のものなどもあります。自分はどこからデビューしたいのか、あるいはどこなら自分の作品を評価してくれそうか、考えてください。

書くチカラについてはあとで詳しく説明しますが、たとえば小説家の場合は感動させたり、楽しませる言語運用能力が求められます。あるいは新聞記者であれば、わかりやすく正確に伝える力。それぞれの仕事によって、必要となる書くチカラも千差万別です。

以上のように、自分がしたい書く仕事とはどんなものか。そのために必要なチカラとは？　場所とは？　具体的にイメージしてみてください。

§書くチカラを磨くには？

これはズバリ、結論から言いましょう。上手なインプットをするべし！　これに尽きます。

僕はゲームシナリオライターという仕事に就く以前は、物語を書いたことがありませんでした。同僚には有名なシナリオライターもいますし、有名なゲームを手掛けた人もいます。そういう人たちを見て感じた、プロとアマの違いは「インプットの仕方」です。

その違いは突き詰めれば量なのか？　確かにいい作品を作る人たちは、よく映画を見ているし小説を読んでいます。ただ誰にも同じように一日は二十四時間しかありません。それに皆さんも日頃からアニメを見たり、ドラマを見たり、漫画を読んだりしているでしょう。となると、量は本質的な要素ではないはずです。

では何が違うのか。それは、必要に応じて、参考にできる物語をいかに引き出せるか、その引き出し力にあるのです。

実体験に沿って詳しく説明します。この仕事に就いて間もない頃は、話をゼロから考えていました。全くのオリジナルなものを目指していました。でもそれだと、大抵つまらないものしか出てこないんです。僕の頭の中からひねり出すようなものは、既に公開されているものに届きません。

では先輩方はどうしているのか。あの話をモデルにしたらいいのではないか、あの映画の泣かせ方が合うんじゃないか、などと既存の作品から、具体的に適切に素材を取り出すのです。

たとえば泣ける話を作ろうと思っても、泣ける話にもいろいろありますよね。家族愛で泣かせるのか、大事な人との死別なのか、夢に挫折して涙するのか。何歳ぐらいの、どんな人が、どのような立場で泣くのか。千差万別です。そこをつき詰めて考えるために、ピッタリの素材が出せるかどうか、ということです。

こんなことがありました。僕は『呪術廻戦』が好きなのですが、ある会議で、七海建人というキャラクターがどのように呪術師という職業に就いたのか、その部分を膨らませたらもっと面白くなりそうだ、という話になりました。僕もそのシーンが好きだったのですが、ただいいシーンだなぁと思っていただけでした。同じシーンを、僕は感動して見ていただけ。一方、自分が作品を書くことを意識しながら見ている人がいた。

書く仕事をする人たちは、いろいろな物語をインプットしています。ただし、ただ漫然と取り込んでいるのではなく、必要に応じて取り出して、参考にできるようなインプットの仕方をしているんです。皆さんも日頃、いろいろなものを読んだり見たりしているのですから、これは意識のもち方次第で、たった今からでも始められる読書術だと思います。

僕のもう一つの仕事である、書評家についてもお話しましょう。そもそも書評家とは何か。簡単に言えば、本を紹介する仕事です。新聞や雑誌などの媒体で、だいたい一〇〇〇字から二〇〇〇字ぐらいで、本の粗筋や読みどころ、意義などを紹介します。

書評の仕方もまた、評者によって千差万別なのですが、一冊の本を紹介するために、既存の別の本や別の論述と比較対照しつつ、読解を深めるというある種の「型」はあります。プロの書評家たちはそうした比較のための素材をいろいろもっています。でもそれだけでなく、必要に応じて論点や論を取り出し、対象となる書籍を的確に評することができる。素材の取り出し方と、論点の導き方がうまいんです。

この技を摑むにはどうしたらいいかというと、案外簡単です。いいと思う書評があったら、それを盗んでください。

書評の書き方について、僕は誰に習ったわけでもなく、他の人の書評を真似ることで学びました。いい書評に出合ったら、まずそれをしっかり読むこと。どういう流れで、どんな論点を用いて本を紹介しているのか。なるほど、まずは粗筋を書くんだな。その中でも特によかったポイントを具体的に抽出して、さらに普遍的な話に繋げていき、読んでみたいと感じさせるところで終わるんだなとか。しっかり読むことで、型が見えてくる。それを盗んで、自分のものにして使う。書評についてもゼロから書くのではないということなんです。

シナリオライターにも書評家にも共通するのが、取り出すためのインプットを心がける、ということです。

§ 書くチカラとは、インプットしたものを適切に取り出す能力

でもそうは言われても、何を取り出せばいいのだろう……と思いますよね。

それを知るためには、とにかく一度書いてみる。そうすることで、インプットするための視点を得ることができます。

小説でも書評でも脚本でも、自分が書きたいものをとにかく書いてみる。すると大抵、途中で筆が

止まります。なんか上手く書けないな……と。

僕は小説を書いていた時期があるのですが、たとえばミステリーの犯人を、犯人だと明かさず登場させる場面、これがうまく書けなかった。あざとくなるというのか、犯人と思われないように書き過ぎて、逆に絶対にこいつが犯人だろ、とバレてしまうみたいな（笑）。

そんなとき、たとえば東野圭吾さんはどのように犯人を自然に登場させているのかな、と作品にあたってみるんです。受験期に、テストで一度間違えた問題の方が頭に刻み込まれる、という経験をしたことはありませんか。それと似ていて、実際に書いて筆が止まるという経験をしたからこそ、漫然と読んでいたときとは違い、見えてくることがあります。

明確な課題を抱えた状態とは、自分の中にフックができるということです。自分なりのインプットの視点＝フックがあると、作品を読んだり見たりしたときに、そこに自分が書くために必要なものが引っかかってくる。フックをたくさん設けることができれば、向こうからどんどん引っかかってくるようになります。上手にインプットする視点＝フックを得るために、まずは一度書いてみることをお勧めします。

書く→詰まる→書けない→どうして書けないんだろう→足りないものを洗い出す→そのことを念頭にインプットする→フックに引っかかってきたものを使って、また書き出す→また詰まる→また書けない→足りないものを洗い出す→そこをフックにインプットする→フックに引っかかってきたものを使って書き出す→詰まる……。

書くとはこの繰り返しです。この仕事を続ける限り、一生この繰り返しではないかと思います。

ここまでの話をまとめると、書くチカラとは、インプットしたものを適切に取り出す能力である、ということです。

ゼロから、全くのオリジナルを書こうとしなくていい。そのまま盗作するのは絶対にダメですが、自分なりのフックに引っかかってきたものを自分の中に取り込み、自分のかたちに変えることができれば、それはもう、あなたの独創性です。初めからオリジナルを目指さなくていい。既存の作品をインプットして、真似して、そこから自分の作品を生み出してください。このインプットの方法にこそオリジナリティがあるのだと、胸を張っていいんです。

§ 読むから書くへ

インプットのために「読む」、という話をしました。ここから「書く」へ橋渡ししていきたいと思います。

読むとは基本的に受動的な行為です。そして書くとは能動的な行為ですよね。ここに橋渡しできるように、というのがこの講座のポイントです。

この講座は「読書術」と銘打っている通り、手軽なインプットの手段として本を取り上げます。まずはなぜ敢えて本なのか、その利点を挙げてみますね。

まず、情報量に対して値段が安い。信頼性が高く網羅性がある。さらに情報を短時間で得られる。そうした点から、何かを知ろうとするときに、本が一番の近道だと僕は思っています。コンテンツの量では、動画も負けていないかもしれませんが、本には自分のペースで向かい合えるというよさがあります。動画だって倍速再生できるよ、と思うかもしれません。でも本は書き込みできるし、この一節の意味は何だろうと立ち止まったり、気になるところに印をつけておいて後でまた戻ったり、自分のペースで、自在に、情報をきちんと手に取ることができます。

したがって、読書は自分なりの呼びかけで立ち上げる行為、すなわち「能動」の始まりです。書くという能動的な行為へ向かうために、主体的に読む、能動的に読む。

しかし、本はとにかくたくさん数がありますよね。その中からどのように選べばいいのか、と悩んでしまうかもしれません。

解決法は単純ですが、とりあえず本屋に行こう！　これにつきます。何を選んでもいいです。面白そう、表紙が気に入った、タイトルが気になる……理由は何でもいい。Amazonレビューとか評判は、あんまり気にしないでいいです。書店の中でどこに向かうべきかわからない人は、まず新書と文庫の棚に行ってみましょう。値段はだいたい一〇〇〇円前後。学生にも少し頑張れば買える値段だと思いますし、古書でもいいです。気になるテーマがあるならば、ネット書店で当たりをつけるのでもいい。買うのが難しければ、図書館で借りてもいい。皆さんが通っている大学には立派な図書館がありますよね。社会人になると痛感しますが、これは得難いことなんですよ。

そして、とにかく読もう！　どんなタイプの「書く仕事」をするにしても、本を読むことは必須になります。手に入れて、すぐに読めないとしても、見えるところに置いておく。ちょっと読んでみて、自分には難しいと思えば、読むのを止めても構いません。理解できないのは、ひとまず著者のせいにしましょう。相性もありますし、入門書かと思ったら、実際は専門的な本だったということもあります。

ただ、そのテーマが自分にとって重要に思えるものだったら、同じテーマの別の本を、いくつか読んでみることをお勧めします。

僕は大学生のとき、社会学という学問がよくわからなくて、「社会学」と名のつく本を二〇冊ぐらい、借りたり買ったりして読みました。そうして何冊か読んでいくと、自分の頭の中に、自分だけの「社会学」ができ上がってきた、そういう経験があります。

何冊か読んでもわからなければ、そのときは謙虚になって、もっと基本的なところから学び直す必要があるかもしれません。

本にはめいっぱい目移りして構いません。最後まで読み終わっていなくても、別の本に手を伸ばしていい。とにかくたくさんの本に触れてください。

読んだらSNSなどで発信してみるのもいいですね。発信を前提にすると、ただ漠然と読むのとは違う視点が加わります。

読んだら発信する、これは具体的な「読む」から「書く」への第一歩になりますね。

§ 軸となる本を選ぶ

僕は激的な人生を送ってきたわけではなく、特別に書き残すような経験もない。人より詳しい専門性ももっていません。となると、外から取り込まなければ何も書けない。書く仕事を続けるには、自分なりにたくさん本を読むしかない、と思っています。

読む行為から書く行為が始まるという点から言うと、一冊の本をどれだけ丁寧に読んでも、そこから独創的なものを生み出すのは難しいものです。

ですから次に、「軸となる本を選ぶ」という提案をしてみます。文字通り、何か一冊を定めて、自分なりにその本から読書を広げていくという方法です。

僕の場合は、『人間の建設』（新潮社）という本でした。いかめしそうな爺さんが二人、表紙に並んでいるのですが、評論家の小林秀雄と数学者の岡潔という人物で、この二人の対談が収録されています。

『人間の建設』

しかし、これが何を言ってるのか、さっぱりわからない。高校のときに塾の先生から、いい本なので読んでみたら、と薦められて、僕はその先生が言うなら読んでみるか、と思ったんです。が、全く理解できなかった。

困っていたところ、岡さんにはエッセイ集もあるよ、そっちの方がわかりやすいんじゃない？　と、『春宵十話』（光文社）という本を教えてもらいました。読んでみたら、確かに『人間の建設』よりはわかりやすかった。

そんなふうにして僕の中に、岡潔という人物名がインプットされました。「岡潔」というフックができたため、それからしばらく経って、岡潔について論じた『数学する身体』（新潮社）の情報が引っかかってきました。森田真生さんという数学者が書いた評論ですが、これがものすごく面白かった。そこからもっと数学について知りたいと、数学関連の本に手が伸びていったのです。

　そこから二人が影響を受けた人、同時代に活躍した人は誰だろう、と調べたところ、ノーベル物理学賞を受賞した湯川秀樹や朝永振一郎と交流があったことがわかり、『對話　人間の進歩について』（湯川秀樹・小林秀雄著、新潮社）や『量子力学と私』（朝永振一郎著・江沢洋編、岩波書店）なども読みました。

　『人間の建設』の初版は一九六〇年代です。僕がこの本を知ったときには既に、小林さんも岡さんも亡くなっていました。それで本を読みながら、彼らが生きたのはどんな時代だったのだろうと考えました。

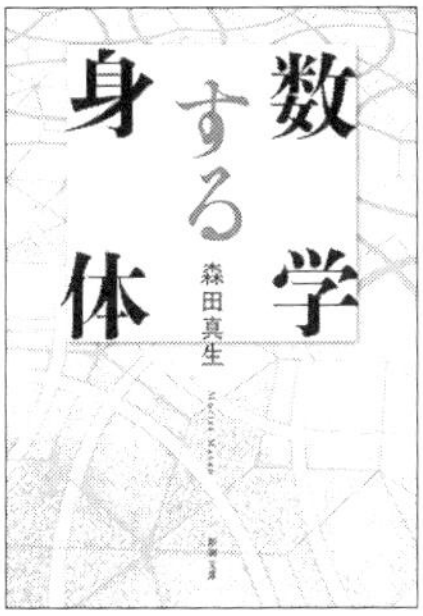

『数学する身体』

　一九六〇年頃には、たとえば大学紛争がありましたし、日米関係の変化もありました。そうした時代に関連して『ひとびとの精神史　第3巻　六〇年安保　1960年前後』（栗原彬編、岩波書店）や『悪と徳と　岸信介と未完の日本』（福田和也著、扶桑社）なども読み、本から本へ、僕だけのマッピングができていったのです。

　『人間の建設』はとても売れた本なので、読んだ人はたくさんいると思います。でもそこから『春宵十話』へいき、『数学する身体』に嵌って、数学関連の本へ興味が膨らみ、一九六〇年代の本を手に取ったのは僕のオリジナルです。

　このように自分なりに本から本へ向かうその選択が、能動性を帯びていることに気づいたでしょうか？　本を一冊読むだけではまだ受動的な行為ですが、このテーマをもっと知りたい、関連する本を探そうと思うとき、その心の動きが能動の第一歩です。軸となる本から、少しずつ違う本へと興味が広がっていくことで、自分なりの視点で物を見ることができていくのです。

『ひとびとの精神史』

　まずはインプットのための、自分なりのフックをもつこと。そしてそこから自分なりの興味と切り口で、本から本へ紐づけを行っていくこと。そうすることで、あなただけのテーマが立体的に浮かび上がる。

　そして自分だけの地図を使って、書き始めることができる。書くという能動的な第一歩が始まります。

§実践編！　能動的読書の方法と実例

次は実践編ということで、『人間の建設』から僕が何を考えたのかを、お話ししようと思います。

先ほど言ったように、この本では、小林秀雄という日本を代表する批評家と、岡潔という日本数学史で最高の数学者が「雑談」をしています。

しかし並みの対談ではない。当時の僕には、何を言っているのか、簡単に理解できる内容ではなかった。学問、芸術、酒、現代数学、アインシュタイン、俳句、素読、本居宣長、ドストエフスキー、ゴッホ、非ユークリッド幾何学、三角関数、プラトン、理性……と主題は激しく変わっていきます。

内容は理解できなかったけれど、この本によって僕の中にいくつものフックが作られることになりました。そして小林秀雄や岡潔の、他の著作を読むことで、少しずつ『人間の建設』で語られている内容についてもわかることが増えていきました。

たとえば二人は、「芸術が悪くなってきている」という話をしています。岡は「個性の働きを持たなければ芸術品はつくれない、と考えていろいろやっていることは、（略）いい絵がだんだんかけなくなっている原因の一つと思います」と言っている。小林は「絵かきは自分を主張して、物をかくことをしないから、それが不愉快なんだな」とまで言います。絵かきが自分を主張して何がいけないのだろう、と当時の僕は不思議に思いました。

もう少し読んでいくと「酒も悪くなってきている」と言い、岡は「日本は個性を重んずることを忘れてしまった」と。このあたりで、どうも彼らの言う「個性」とは、僕たちが一般的に使う意味とは違うらしいぞ、と気づきます。

さらに小説の話となり、小林は「絵と同じです。個性をきそって見せるのですね」。岡は「世界の知力が低下しているという気がします」「物を生かすということを忘れて、自分がつくり出そうというほうだけをやりだしたのですね」と続けます。

自分の個性ばかりを発揮して絵や小説を作ろうとしている。本能や自我、個性を押し出すことが知力や芸術を低下させている。

つまり二人が求めているのは、ゼロから個性を発揮することではなく、いろいろなものを取り入れて、それを自分の中に生かすことなのではないか。

はじめは、二人が何を伝えたいのかさっぱりわからなかったのですが、別の著作も読む中でだんだんと、そのように考えるようになりました。

今日の話と重なる部分が見えてきたでしょうか。彼らの言う「物を生かす」とは、僕の言葉に置きかえると、「インプットしたものを使う」ということです。

では、具体的には、どうすればいいのか。二人は「問題を出す」ことが重要だと言っています。「問題をうまく出せば即ちそれが答えだ」と。

岡は『春宵十話』で「自然に従う」という話もしています。「数学者は種子を選べば、あとは大きくなるのを見ているだけ」と。つまり、自分の中に良い問題意識さえあれば、がむしゃらに答えを得ようとしなくても、おのずと答えがやってくる。待つことが大事だ。待っているうちに、問いの方からヒントを与えてくれて、答えに一歩ずつ近づくことができる、と。

これは僕が話した言葉では「フック」にあたります。自分の中に或る問題、テーマがある。あるいは、こんなフックをもっている。そうなれば、対象の方から飛び込んできてくれる、というわけです。逆に問いやフックがないと、せっかく入ってきたものが、留まらずに流れていってしまう。自分にとって切実な問題、自分なりの価値観や問いがあってこそ、引っかかって残るということです。

そして小林秀雄は『学生との対話』（新潮社）の中で、「考える」ことについて、語っています。「〈考える〉ことを、昔は〈かむかふ〉と言った」のだと。最初の「か」は意味をもたない語で、「む」とは身、「かふ」は交わす、を意味します。

「考えるとは、〈自分が身をもって相手と交わる〉こと」「対象と私がある親密な関係に入り込むことが、考えることなのです。人間について考えるというのは、その人と交わることなのですよ」と小林は言っています。

友達や恋人、家族などと共に過ごし、親密になること。それと同じように、「考えるということは、つきあうということ」だと言うのです。つまり、対象を本当に理解したり、何事かをなすためには、対象とじっくり付き合うことが必要だということです。

まずはインプットのためのフックを作ること。岡の言い方では、種子を選んでおくこと。そしてじっくりじっくり待つ。そのようにして対象と向き合っているうちに、自ずと答えが見つかる、と。

今日お話ししたことは、実行するのにけしてハードルは高くありません。ただこれを今日から始めて一年、二年と蓄積していくのか、いかないのか。書くことを仕事にするために、そこが分岐点になると思います。

【質疑応答】

——小説を書きたいのですが、語彙が足りなかったり、テーマ性が欠けていると思えて、なかなか書けません。何から手をつけたらいいでしょうか。

渡辺　先ほど話したように、と

にかくいろいろ読んで、自分の地図を作っていくことですね。僕も書くチカラはもっていませんでした。でも、とにかく書いてみること。そしてたくさん読んで、軸となる一冊を見つけてください。どんな本でもいいです。そこから自分なりに広げていく。その過程で、何が欠けているのかも、具体的にわかってくると思います。

――ゲームのシナリオ作りの盲点を教えてください。

渡辺　書き過ぎてしまうことです。ゲームのシナリオは、映画やアニメと違って、穴がないといけない。ゲームはプレイヤーが操作することで完成するので、物語を完璧に作ってしまうと、窮屈で仕方なくなる。

たとえば、『ゼルダの伝説　ティアーズ オブ ザ キングダム』やその前身の『ブレス オブ ザ ワイルド』は、ほとんどストーリーがありません。プレイヤーの体験を大事にしているんです。物語を作り過ぎず、且つプレイヤーが動きやすいようにする、この塩梅が重要です。

――図書館で本を借りても、内容を理解しようと思うと、スピードが遅く、いつも読み切れずに返却期限がきてしまいます。スピードと内容理解を同時に求めるときに、意識していることはありますか。

渡辺　読み切れなくても別にいいんですよ。スピードを重視して内容理解が疎かになったら本末転倒です。僕も書評の締め切りがあるときなどには、何とか早く読もうとして、結局一回ではわからなくて、三回、四回と読むことになって、だったら最初からゆっくり読んだ方がよかったのではないか、と思うこともあります。

強いて言えば、先ほど話した自分なりのフックができてくると、自分にとって重要な観点が引っかってくるので、理解しながら少しずつ早く読めるようになってくるかもしれませんね。

――忙しい中で、本を読む時間はどのように確保していますか。

渡辺　移動時間や待ち時間などにも電子書籍とか、本を写メしておくとか、いろいろな方法で読むようにしています。あとは短歌や和歌も好きなので、数首を暗記しておいて、電車の中で諳んじたり、そんなふうなかたちの「読む」時間も作っています。

――特に気に入っている書店はありますか。

渡辺　僕はだいたい週に一度、書店廻りをするのですが、まずは神保町の東京堂書店です。目利きの店員さんがいて、良書が平積みされているんです。それから日本有数の大型書店である池袋のジュンク堂書店、新宿の紀伊國屋書店、東京駅の丸善など。たいていの本が手に入ります。

規模は小さいけれど、店主のこだわりが光る個人書店では、赤坂の双子のライオン堂や、高円寺の蟹ブックス。こうした書店の店主は、自分でも本を書いていたり、イベントを行ったり、そういう別の刺激も受けます。彼らの選書を知るために、よく立ち寄っています。

――インプットのための材料は、日常にある全てのもの、たとえば街を歩いて目にした風景などでもいいのでしょうか。

渡辺　本や映画に限らず、広い意味で、全てのものから「読んで」ください。人々の気持ちや周囲の反応を推し量ることを「空気を読む」と言いますが、空気のような見えないものまで、私たちは読んでいるんです。人間関係の機微でもいいし、絵画を見ることも、比喩的には、読む行為と言っていいと思います。

ライターの古賀史健さんの『取材・執筆・推敲　書く人の教科書』（ダイヤモンド社）は、とてもいいライターのための入門書です。物を書く人は、この世界の全てから、材料を拾い、読み取って自分の中に取り込み、それをいかにアウトプットしているのかが、よくわかる本です。興味がある方はぜひ手に取ってみてください。

（二〇二三年六月十六日）

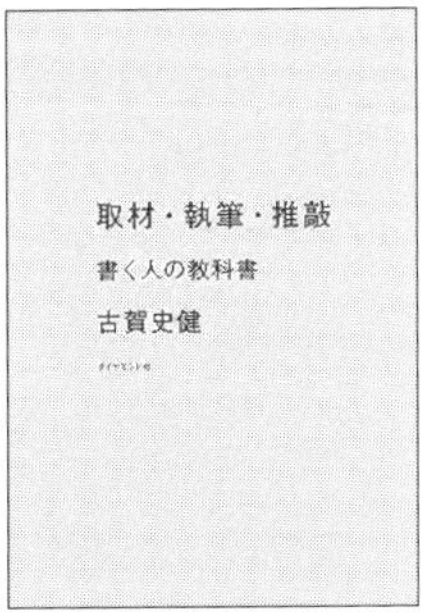

『取材・執筆・推敲
書く人の教科書』

★わたなべ・すけざね＝ゲーム会社でシナリオライターとして勤務する傍ら、二〇二一年から文筆家、書評家、書評系YouTuberとして活動を開始。現在は退社してフリー。著書に『物語のカギ「読む」が10倍楽しくなる38のヒント』（笠間書院）、編著に『みんなで読む源氏物語』（ハヤカワ新書）、共著に『吉田健一に就て』（国書刊行会）など。

YouTubeチャンネル「スケザネ図書館」（https://www.youtube.com/channel/UCLqjn_t2ORA0Yehvs1WzjA）では、多数の動画を展開している。一九九二年生。

モーパッサン『脂肪のかたまり』
原田マハ『常設展示室』
倉知淳『作家の人たち』
メアリー・マッカーシー『私のカトリック少女時代』
ＮＨＫ「東海村臨界事故」取材班『朽ちていった命　被曝治療83日間の記録』
伊坂幸太郎『サブマリン』
最果タヒ『死んでしまう系のぼくらに』
荒井裕樹『差別されてる自覚はあるか　横田弘と青い芝の会「行動綱領」』
千住博『大徳寺聚光院別院　襖絵大全』
原田マハ『独立記念日』
森沢明夫『かたつむりがやってくる　たまちゃんのおつかい便』
Ｔ・Ｓ・エリオット「荒地」
安藤祐介『本のエンドロール』
伊坂幸太郎『魔王』
岸政彦『断片的なものの社会学』
村上龍『海の向こうで戦争が始まる』
三島由紀夫『禁色』
辻村深月『鍵のない夢を見る』
くどうれいん『わたしを空腹にしないほうがいい』
初野晴『退出ゲーム』
相沢沙呼『小説の神様』
小平麻衣子『夢みる教養　文系女性のための知的生き方史』
吉田右子『オランダ公共図書館の挑戦　サービスを有料にするのはなぜか？』
ジェイン・オースティン『高慢と偏見』
北条かや『整形した女は幸せになっているのか』
水野和夫『資本主義の終焉と歴史の危機』

■二〇二〇年度

筒井淳也『結婚と家族のこれから 共働き社会の限界』
パトリック・レドモンド『霊応ゲーム』
小川一水「天冥の標」シリーズ
朝井リョウ『桐島、部活やめるってよ』
トニ・モリスン『青い眼がほしい』
ロルフ・ドベリ『Think clearly　最新の学術研究から導いた、よりよい人生を送るための思考法』
しんくわ『しんくわ』
辻村深月『朝が来る』
はやみねかおる『そして五人がいなくなる　名探偵夢水清志郎事件ノート』
吉田修一『国宝　上・下』
本橋哲也『深読みミュージカル　新装版　歌う家族、愛する身体』
坪井兵輔『歌は分断を越えて　在日コリアン二世のソプラノ歌手・金桂仙』
西加奈子『舞台』
鷲田清一『語りきれないこと　危機と傷みの哲学』
村田沙耶香『マウス』
香月孝史『乃木坂46のドラマトゥルギー　演じる身体／フィクション／静かな成熟』
水木しげる『ほんまにオレはアホやろか』
三浦しをん『風が強く吹いている』
羽田圭介『コンテクスト・オブ・ザ・デッド』
ファリダ・アフマディ『声なき叫び 「痛み」を抱えて生きるノルウェーの移民・難民女性たち』
エーリッヒ・フロム『愛するということ』
林真理子『葡萄が目にしみる』
佐藤正午『小説家の四季』
益尾知佐子『中国の行動原理　国内潮流が決める国際関係』
綿矢りさ『憤死』
長田新編『原爆の子　上・下　広島の少年少女のうったえ』
有栖川有栖『朱色の研究』
柳広司『ジョーカー・ゲーム』
村上春樹『カンガルー日和』
Ｐ・Ｄ・ジェイムズ『女には向かない職業』
コレット『青い麦』
辻村深月『子どもたちは夜と遊ぶ 上・下』
内藤正典『となりのイスラム　世界の３人に１人がイスラム教徒になる時代』
スコット・ハートリー『FUZZY-TECHIE　イノベーションを生み出す最強タッグ』
ディーノ・ブッツァーティ『魔法にかかった男』
村山早紀『桜風堂ものがたり　上・下』
百田尚樹『海賊とよばれた男　上・下』
有川浩『アンマーとぼくら』
久保明教『「家庭料理」という戦場　暮らしはデザインできるか？』
誉田哲也『主よ、永遠の休息を』
乙一『暗いところで待ち合わせ』
ブレイディみかこ『ぼくはイエローでホワイトで、ちょっとブルー』
スペンサー・ジョンソン『チーズはどこへ消えた？』
Ｊａｍ『多分そいつ、今ごろパフェとか食ってるよ。』
山口恵以子『食堂のおばちゃん』
梶井基次郎『檸檬』
住野よる『また、同じ夢を見ていた』
宇佐見りん『推し、燃ゆ』
岡野大嗣『たやすみなさい』

■二〇二一年度

はやみねかおる『めんどくさがりなきみのための文章教室』
永井晋『平氏が語る源平争乱』
江國香織『とるにたらないものもの』
三島由紀夫『手長姫　英霊の声　1938 -1966』
太田啓子『これからの男の子たちへ 「男らしさ」から自由になるためのレッスン』
久住邦晴『奇跡の本屋をつくりたい くすみ書房のオヤジが残したもの』
カズオ・イシグロ『わたしを離さないで』
國分功一郎・熊谷晋一郎『〈責任〉の生成――中動態と当事者研究』
ディディエ・エリボン『ランスへの帰郷』
坂井孝一『承久の乱 真の「武者の世」を告げる大乱』
高野悦子『二十歳の原点』
烏賀陽弘道『世界標準の戦争と平和　初心者のための国際安全保障入門』
谷崎潤一郎『鍵』
石田衣良『美丘』
アンソニー・レイ・ヒントン『奇妙な死刑囚』
平田オリザ『わかりあえないことから　コミュニケーション能力とは何か』
森絵都『カラフル』
原田マハ『生きるぼくら』
加納愛子『イルカも泳ぐわい。』
山田明（ちばあきお原作）『キャプテン　君は何かができる』
宇佐見りん『推し、燃ゆ』
村田沙耶香『地球星人』
萩原慎一郎『歌集 滑走路』
辻村深月『朝が来る』
古市憲寿『奈落』
さだまさし『眉山』
ソン・ウォンピョン『アーモンド』
葉室麟『蜩ノ記』
知念実希人『優しい死神の飼い方』
寺地はるな『わたしの良い子』
湊かなえ『少女』
レイ・ブラッドベリ『華氏４５１度』
川上未映子『夏物語』
中野京子・早川いくを『怖いへんないきものの絵』
山本美香・日本テレビ編『山本美香という生き方』
原田マハ『リボルバー』
金城一紀『ＧＯ』
町田そのこ『52ヘルツのクジラたち』
有川浩『レインツリーの国』
綿矢りさ『オーラの発表会』
川口俊和『コーヒーが冷めないうちに』
凪良ゆう『流浪の月』
よしもとばなな『デッドエンドの思い出』
乙一著／loundraw原案『サマーゴースト』
新海誠『小説　秒速５センチメートル』
桑田佳祐『ポップス歌手の耐えられない軽さ』
西加奈子『きりこについて』
村田沙耶香『殺人出産』
瀬尾まいこ『春、戻る』

《書評キャンパスで取り上げられた本》

■二〇一七年度

重松清『小学五年生』
宮崎駿『本へのとびら　岩波少年文庫を語る』
小山靖史編著『緒方貞子　戦争が終わらないこの世界で』
森博嗣『夢の叶え方を知っていますか？』
恩田陸『蜜蜂と遠雷』
岩木一麻『がん消滅の罠 完全寛解の謎』
夏川草介『本を守ろうとする猫の話』
稲田和宏『落語に学ぶ大人の極意』
津村記久子・江弘毅『大阪的　コーヒーと一冊（11）』
クリストファー・ヒーリー『プリンス・チャーミングと呼ばれた王子たち　プリンス同盟』
東浩紀『ゲンロン０　観光客の哲学』
ミーナ・ホランド『食べる世界地図』
上野正彦・高木徹也監修『ＤＥＡＴＨペディア イラスト図解 人はどこまで生きてられるのか？』
佐藤多佳子『サマータイム』
森浩美『終の日までの』
谷川流『涼宮ハルヒの憂鬱』
窪美澄『よるのふくらみ』
辻村深月『ぼくのメジャースプーン』
東野圭吾『雪煙チェイス』
澤野雅樹『絶滅の地球誌』
三上延『ビブリア古書堂の事件手帖　栞子さんと奇妙な客人たち』
小川洋子『不時着する流星たち』
西尾維新『西尾維新対談集　本題』
京極夏彦『オジいサン』
佐野徹夜『君は月夜に光り輝く』
ルーカ・クリッパ／マウリツィオ・オンニス『アウシュヴィッツの囚人写真家』
朝井リョウ『少女は卒業しない』
伊坂幸太郎『ＳＯＳの猿』
窪美澄『アカガミ』
よしもとばなな『スナックちどり』
窪美澄『やめるときも、すこやかなるときも』
北野武『新しい道徳 「いいことをすると気持ちがいい」のはなぜか』
鈴木正枝『そこに月があったということに』
フランソワーズ・サガン『悲しみよこんにちは』
今井むつみ『ことばと思考』
青木和雄・吉富多美『ハッピーバースデー　命かがやく瞬間』
王城夕紀『マレ・サカチのたったひとつの贈物』
早見和真『神さまたちのいた街で』
百田尚樹『風の中のマリア』
東野圭吾『ナミヤ雑貨店の奇蹟』
加納朋子『トオリヌケ　キンシ』
ヘンリー・ジェイムズ『ヘンリー・ジェイムズ作品集１　ある婦人の肖像』
佐藤愛子『九十歳。何がめでたい』
石田衣良『娼年』
川村元気『四月になれば彼女は』
増田忠則『三つの悪夢と階段室の女王』
江戸川乱歩『江戸川乱歩傑作選』
中沢けい『楽隊のうさぎ』
恩田陸『夜のピクニック』
荒井裕樹『生きていく絵　アートが人を〈癒やす〉とき』

■二〇一八年度

マレーク・ベロニカ文・絵『ラチとらいおん』
上村一夫画／松本品子編『上村一夫　美女解体新書』
ジャック・ケッチャム『隣の家の少女』
藤田宙靖『最高裁回想録　学者判事の七年半』
モーリス・ドリュオン『みどりのゆび』
井波 律子訳『三国志演義　一～四』
蓑豊『超・美術館革命　金沢 21 世紀美術館の挑戦』
李鐘元・木宮正史・磯崎典世・浅羽祐樹『戦後日韓関係史』
堀江敏幸『その姿の消し方』
宇野重規『〈私〉時代のデモクラシー』
髙村薫『土の記　上・下』
浅田彰『構造と力　記号論を超えて』
藤野可織『ドレス』
山本 貴光・吉川 浩満『脳がわかれば心がわかるか　脳科学リテラシー養成講座』
プレヴォ『マノン・レスコー』
京極 夏彦『ヒトごろし』
川村 元気『億男』
カス・ミュデ／クリストバル・ロビラ・カルトワッセル『ポピュリズム　デモクラシーの友と敵』
渡辺一史『こんな夜更けにバナナかよ　筋ジス・鹿野靖明とボランティアたち』
住野よる『また、同じ夢を見ていた』
レム・コールハース／ハンス・ウルリッヒ・オブリスト編著『プロジェクト・ジャパン　メタボリズムは語る…』
三好達治『詩を読む人のために』
辻村深月『青空と逃げる』
桂 歌丸『歌丸ばなし』
武者小路実篤『真理先生』
町屋良平『しき』
東野圭吾『ラプラスの魔女』
コナン・ドイル『緋色の研究』
木下昌輝『人魚ノ肉』
山田悠介『僕はロボットごしの君に恋をする』
堀江貴文『自分のことだけ考える。無駄なものにふりまわされないメンタル術』
Ｗ・Ｊ・オング『声の文化と文字の文化』
Ｊ・Ｋ・ユイスマンス『さかしま』
フランツ・カフカ『変身』
恩田陸『蜜蜂と遠雷』
山田宗樹『百年法　上・下』
ケラリーノ・サンドロヴィッチ『グッドバイ』
歌野晶午『密室殺人ゲーム王手飛車取り』
小山鉄郎『文学はおいしい。』
石井洋二郎『フランス的思考　野生の思考者たちの系譜』
池井戸潤『ロスジェネの逆襲』
ゴルゴ松本『あっ！ 命の授業』
稲盛和夫『考え方　人生・仕事の結果が変わる』
武田綾乃『その日、朱音は空を飛んだ』
あさのあつこ『福音の少年』
高村光太郎『智恵子抄』
坂口安吾『白痴』
円城塔『文字渦』
王城夕紀『青の数学』
小川糸『ツバキ文具店』

■二〇一九年度

辻村深月『凍りのくじら』
エーリッヒ・フロム『自由からの逃走』
森絵都『カラフル』
吉屋信子『鬼火・底のぬけた柄杓』
小川一水『アリスマ王の愛した魔物』
カズオ・イシグロ『忘れられた巨人』
村田沙耶香『消滅世界』
カズオ・イシグロ『忘れられた巨人』
穂村弘『手紙魔まみ、夏の引越し（ウサギ連れ）』
司馬遼太郎『燃えよ剣　上・下』
穂村弘・山田航『世界中が夕焼け』
黒田龍之助『外国語の水曜日』
児美川孝一郎『夢があふれる社会に希望はあるか』
東野圭吾『祈りの幕が下りる時』
温又柔『真ん中の子どもたち』
川上大典ほか『ゲームプランとデザインの教科書　ぼくらのゲームの作り方』
辺見庸『もの食う人びと』
フィリップ・スコフィールド『ベンサム　功利主義入門』
荻原慎一郎『歌集　滑走路』
石川桂子編『竹久夢二詩画集』
島崎裕子『人身売買と貧困の女性化　カンボジアにおける構造的暴力』
伊坂幸太郎『ＡＸ』
パトリック・ライス『鋼鉄のシャッター　北アイルランド紛争とエンカウンター・グループ』
長嶋有『新装版　春のお辞儀』
ボリス・ヴィアン『日々の泡』

おわりに

また一年、学生たちの、それぞれの大切な本への想いと出会うことができました。

繰り返し、「いい書評とは何だろう?」という問いが浮かびます。

書評キャンパスの記事や本を見た方にいただいた、「添削例、面白いね。でも添削の理由もわかるし、そう書きたい学生さんの気持ちもわかるんだよね」とか「整ったお利口さんな書評が魅力的なのかというと、それでは勢いみたいなものが削がれるのかもしれないし……」などというコメントがぐるぐると頭を巡って、どのようにどれぐらい、添削や推敲アドバイスをするのがよいのか、「いい書評とは何だろう?」と日々ますます考えています。

本紙『週刊読書人』は書評紙なので、本に触れない日も、書評に触れない日もありません。それでも、それゆえに、この問いに完璧な答えは出ない。

それはなんだか楽しくもあります。

忙しい学生生活の中で、書評に挑戦しよう！と自ら動いた学生の皆さんに、なかなか大変な時代ではありますが、それぞれによりよい未来が拓けますよう、エールを送りたいと思います。

後押しをしてくださっている大学図書館の方々、先生方、今回、学生書評へコメントをくださった著者、訳者、編集者の皆さま、ありがとうございました。書籍への敬意をもって、これからも「書評キャンパス」を続けて参ります。

今後ともよろしくお願いいたします。

「週刊読書人」編集部　角南範子

書評キャンパス at 読書人 2022

2024年2月20日　第1刷発行

著者　大学生と「週刊読書人」編集部
発行者　明石健五
発行所　株式会社 読書人
〒101-0051
東京都千代田区神田神保町1-3-5
冨山房ビル6階
Tel.03-5244-5975　Fax.03-5244-5976
https://dokushojin.com/

ブックデザイン _hitomi_

印刷・製本所　モリモト印刷株式会社

ISBN 978-4-924671-64-5